Schulerfolg Deutsch

Grammatik
5. Klasse

Peter Süß

Klett Lerntraining

Bibliografische Information der Deutschen Bibliothek
Die Deutsche Bibliothek verzeichnet diese Publikation in der Deutschen Nationalbibliografie; detaillierte bibliografische Daten sind im Internet über http://dnb.d-nb.de abrufbar.

Auflage 5. 4. 3. 2. 1. | 2015 2014 2013 2012 2011
Die letzten Zahlen bezeichnen jeweils die Auflage und das Jahr des Druckes.

Dieses Werk folgt der reformierten Rechtschreibung und Zeichensetzung.

Umschlagfoto: Dreamstime LLC, Godfer
Umschlaggestaltung: Sabine Kaufmann, Stuttgart
Herstellung: Karin Schmid, Baldham
Illustrationen: Sven Palmowski, Barcelona
Druck: AZ Druck und Datentechnik GmbH, Kempten
ISBN 978-3-12-927234-3

9 783129 272343

Tipps zum Training mit diesem Buch

Mit diesem Buch kannst du alle wichtigen Grammatikthemen trainieren, die im Deutschunterricht des 5. Schuljahres vorkommen. Die Übungen sind einfach, kurz, leicht zu verstehen und sehr abwechslungsreich.

Durch das Inhaltsverzeichnis auf den folgenden beiden Seiten hast du alle Themen im Überblick. So kannst du dir ganz gezielt aussuchen, was du üben willst.

Jedes der insgesamt 44 Kapitel umfasst nur zwei Seiten. Eine kurze Einführung mit Beispielen zeigt dir, worum es auf der Doppelseite geht. Tipps helfen dir zwischendurch beim Lösen einer etwas kniffligeren Aufgabe. Wenn du mit einer Übung fertig bist, kannst du deine Vorschläge mit dem Lösungsteil (ab Seite 102) vergleichen.

Außerdem hast du die Möglichkeit, deine Lernfortschritte mit Hilfe von vier Tests zu überprüfen (ab Seite 94). Jeder Test fasst die Themen von elf Kapiteln zusammen. Die zu erreichende Punktzahl ist bei jeder Aufgabe angegeben. Eine Auswertung mit den entsprechenden Notenschritten findest du im Lösungsteil (ab Seite 125).

Du kannst die Tests auch an den Beginn deines Trainings mit diesem Buch stellen: Wenn du die Tests zuerst machst, findest du schnell heraus, mit welchem Thema du Probleme hast.

Dieses Übungsbuch ist die optimale Ergänzung zum Unterricht während des gesamten 5. Schuljahres. Wenn du regelmäßig trainierst, hast du eine gute Basis in deutscher Grammatik und kannst deine Note stark verbessern.

Inhalt

1 Das Genus der Nomen

Das Nomen oder **das Substantiv** ist die lateinische Bezeichnung für das **Hauptwort / Namenwort**. Jedes Nomen hat ein Geschlecht (= das **Genus**), das du am bestimmten Begleiter (= der **Artikel**) *der*, *die* oder *das* erkennst. Alle Nomen werden mit großem Anfangsbuchstaben geschrieben.

Maskulinum (= männlich):	der Hund
Femininum (= weiblich):	die Katze
Neutrum (= sächlich):	das Haus

1. Welche neun Nomen haben sich hier versteckt? Schreibe sie in der richtigen Groß- und Kleinschreibung auf die Zeilen. Ergänze jeweils den bestimmten Artikel.

Nur der erste Buchstabe des Nomens ist groß. Die übrigen Buchstaben schreibst du klein.

der Schnee,

2. Ergänze bei jedem Nomen den bestimmten Artikel.

a)		Sicherheit	**e)**		Eigenschaft
b)		Zentrum	**f)**		Werkstatt
c)		Montag	**g)**		Tischlein
d)		Regen	**h)**		Eigentum

3. Bilde zusammengesetzte Nomen und schreibe sie mit dem bestimmten Artikel auf die Zeilen.

Die Wörter auf der rechten Seite bestimmen das Genus des zusammengesetzten Nomens:
der Garten + die Bank = die Gartenbank.

Garten
Bus
Bank
Flasche
Schirm
Telefon
Haus
Kuchen
Buch
Regen
Auto
Werkstatt
Wasser
Apfel
Tür
Fahrer

die Gartenbank,

2 Nomen im Singular und im Plural

Nomen werden in der Einzahl (= **Singular**) und in der Mehrzahl (= **Plural**) verwendet. Die unterschiedlichen Formen kannst du hier trainieren.

1. Bei diesen Nomen sind die Singular- und Pluralform im Nominativ (= 1. Fall) gleich. Ergänze die Artikel und den Plural der Nomen – wie im ersten Beispiel.

	Singular		Plural
a)	*das*	Mädchen	*die Mädchen*
b)		Koffer	
c)		Zauberer	
d)		Maler	
e)		Theater	
f)		Fenster	
g)		Füller	
h)		Schlitten	

2. Im Plural wird bei diesen Nomen der Selbstlaut zum Umlaut. Außerdem brauchst du meistens noch eine Endung. Schreibe die Pluralformen mit dem bestimmten Artikel auf die Zeilen.

~~Mann~~ Kraft Tuch Maus Topf Rock Buch Bruder

die Männer, ______________________________

____

____

3. **Wie heißt der passende Singular zu diesen Pluralformen? Schreibe ihn mit dem bestimmten Artikel auf die Zeilen.**

a) die Späße ______________________

b) die Lehrerinnen ______________________

c) die Museen ______________________

d) die Kartoffeln ______________________

e) die Zeugnisse ______________________

f) die Fotos ______________________

4. **Schau dir die Zeichnung an und ergänze die Sätze.**

a) Der Kleiderschrank hat zwei T .

b) Auf dem Sofa liegen zwei K .

c) Auf dem Tisch steht ein K .

d) In den Regalen sind viele B .

e) Das Bild ist mit zwei N an der Wand befestigt.

3 Zusammengesetzte Nomen

Aus einzelnen Wörtern können zusammengesetzte Nomen gebildet werden. Der letzte Teil der Zusammensetzung muss ein Nomen sein. Es ist das Grundwort und bestimmt das Geschlecht (das Genus) des ganzen Wortes.

das Haus	+	**die** Tür	=	**die** Haustür			
blau	+	**der** Wal	=	**der** Blauwal			
das Haus	+	die Tür	+	**der** Schlüssel	=	**der** Haustürschlüssel	

1. Hier sind die Teile der zusammengesetzten Nomen durcheinandergeraten. Schreibe die Wörter mit dem bestimmten Begleiter auf die Zeilen.

a)

Wasser	scheibe	______
Brief	flasche	______
Schiff	umschlag	______
Fenster	fahrt	______

b)

Bahn	bahn	______
Zahn	hof	______
Auto	baum	______
Apfel	rad	______

2. Das sind Fantasiewörter: Welcher bestimmte Artikel ist richtig? Ergänze die Lücken.

a) ______ Sahnebrot

b) ______ Herbstschrift

c) ______ Dorfkoffer

d) ______ Winterlehrerin

e) ______ Buchschließtelefon

f) ______ Bäckereiwaschcomputer

3. Löse das Rätsel und schreibe die zusammengesetzten Nomen mit dem bestimmten Artikel auf die Zeilen.

Kla 4 spielerin

10 meterbrett

7 gebirge

2 zimmerwohnung

6 zylindermotor

Ver 1 mannschaft

Pappsch 8 el

Warn 3 eck

____

____

____

4. Male die Kreise in der angegebenen Farbe aus und bilde ein zusammengesetztes Nomen. Schreibe die Lösungen mit dem bestimmten Artikel auf die Zeilen.

rot + Kehlchen ______________________________

blau + Licht ______________________________

grün + Anlage ______________________________

4 Deklination der Nomen

Je nach Aufgabe im Satz werden Nomen gebeugt (= dekliniert). Es gibt vier Fälle (= Kasus).

1. Fall = der Nominativ
2. Fall = der Genitiv
3. Fall = der Dativ
4. Fall = der Akkusativ

1. Schreibe die lateinischen Fachbegriffe für die vier Fälle auf die Zeilen. Ergänze rechts daneben, wie du im Satz nach dem Kasus eines Nomens fragst.

1. Fall *der Nominativ – wer oder was?*

2. Fall ______________________

3. Fall ______________________

4. Fall ______________________

2. Verwende die Fragen von Übung 1. In welchem Fall stehen die farbig gedruckten Nomen? Schreibe die Lösungen auf die Zeilen.

a) Der Hut von Herrn Merk ist schwarz.

b) Die Katze liegt unter dem Tisch.

c) Ich habe ihm einen Brief geschrieben.

d) Die Hose des Mädchens ist grün.

e) Er hat seine Schlüssel vergessen.

f) Ich komme am Ende der Woche.

g) Wir singen ein Lied.

h) Die Hunde sitzen in der Kiste.

3. **Bestimme die Formen der farbig gedruckten Nomen. Kreuze an.**

a) Das Kostüm des Clowns ist lustig.
- ☐ Nominativ Singular
- ☐ Genitiv Singular
- ☐ Genitiv Plural

b) Tim schließt die Fenster.
- ☐ Nominativ Plural
- ☐ Akkusativ Singular
- ☐ Akkusativ Plural

c) Das Buch gehört meinen Eltern.
- ☐ Dativ Plural
- ☐ Nominativ Plural
- ☐ Akkusativ Plural

d) Er trägt sein Rad in den Keller.
- ☐ Nominativ Singular
- ☐ Akkusativ Singular
- ☐ Dativ Singular

4. **Formuliere die Sätze in Überschriften für die Zeitung um.**
Das erste Beispiel zeigt dir, wie es geht.

a) Räuber brachte das gestohlene Geld zurück.

Räuber brachte gestohlenes Geld zurück

b) Schüler half einer verwirrten Rentnerin.

____

c) Politiker stimmten dem neuen Vorschlag zu.

____

5 Nomen bilden durch Endungen

Durch Endungen wie **ung, tum, schaft, heit, keit** und **nis** kannst du aus Adjektiven oder Verben neue Nomen bilden. Probier es gleich selbst aus.

1. Bilde aus den Verben und der Endung *ung* Nomen.
Schreibe sie mit dem bestimmten Artikel auf die Zeilen.

a) sammeln *die Sammlung*

b) ändern ______________________

c) landen ______________________

d) lösen ______________________

e) trennen ______________________

f) wohnen ______________________

g) verletzen ______________________

2. Bilde aus den Verben und Adjektiven Nomen mit der Endung *nis*.
Schreibe sie mit dem bestimmten Artikel auf die Zeilen.

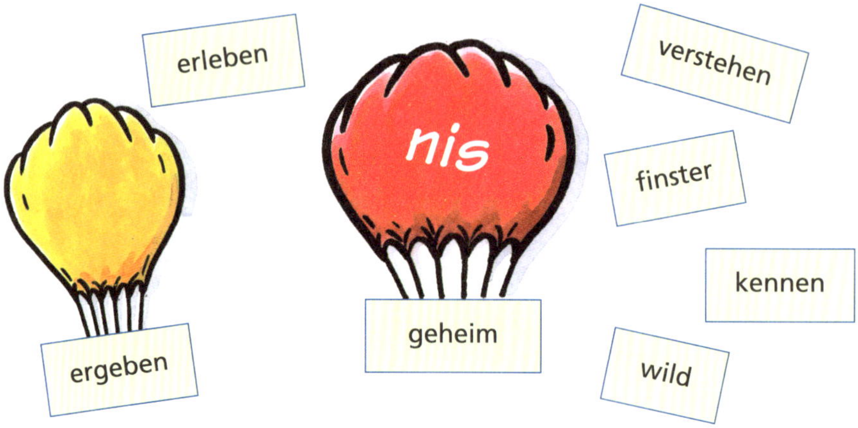

____

____

____

3. Ergänze die Lücken durch *schaft* oder *tum*.

a) Die Fußballmann ________ hat die ersten drei Spiele gewonnen.

b) Freundlichkeit ist eine gute Eigen ________ .

c) Tja, tut mir leid, das war ein Irr ________ .

d) Medizin ist eine Wissen ________ .

e) Das milde Klima ist gut für das Wachs ________ der Pflanzen.

f) Armut ist das Gegenteil von Reich ________ .

4. Bilde aus den Adjektiven Nomen mit der Endung *heit* oder *keit*. Schreibe sie mit dem bestimmten Artikel zur richtigen Gruppe auf die Zeilen.

möglich fröhlich wirklich frei klug

dunkel krank ähnlich trocken heiter

________________________ ________________________

________________________ ________________________

________________________ ________________________

________________________ ________________________

________________________ ________________________

6 Personalpronomen

Das **Personalpronomen** ist die lateinische Bezeichnung für das **persönliche Fürwort**. Personalpronomen sind ein Ersatz für Nomen.

Tim ist ins Kino gegangen. **Er** (= Tim) ist ins Kino gegangen.
Wo ist **Laura**? **Sie** (= Laura) ist im Schwimmbad.

1. Ergänze die Personalpronomen im Nominativ (1. Fall).

a) Was machst du heute Nachmittag? – ___ gehe ins Kino.

b) Wann kommt Tim denn endlich? – ___ weißt ja, ___ kommt immer mit einer halben Stunde Verspätung.

c) Die Hose kaufe ich nicht. ___ ist mir zu teuer.

d) Kennst du das Buch? ___ ist wirklich spannend!

e) Seid bitte etwas leiser! ___ wisst doch, dass Oma schläft.

2. Setze die Personalpronomen im Dativ (3. Fall) richtig ein.

ihr – ihnen – euch – mir – ihm – dir

a) Kannst du ___ bitte dein Lineal leihen?

b) Bei dieser Aufgabe kann ich ___ leider nicht helfen.

c) Laura hat heute Geburtstag. Hast du ___ schon gratuliert?

d) Wie geht es ___? Seid ihr wieder gesund?

e) Das ist ein Geschenk für Tim und Laura. Das haben wir ___ aus dem Urlaub mitgebracht.

f) Das Buch hat dir Klaus geliehen. Bring es ___ bitte morgen zurück.

3. Jedes farbige Personalpronomen ist falsch. Streiche es durch und schreibe es richtig auf die Zeile.

a) Warten Sie! Ich komme gleich und helfe Sie. _______________

b) Gib mich den Ball. _______________

c) Er beobachtet mir. _______________

d) Das ist sein neues Rad. – Ja, ich habe sie schon gesehen. _______________

e) Ich habe dir gestern im Kino gesehen. _______________

f) Wo ist mein Stift? Ich finde ihm nicht. _______________

4. Ergänze die Personalpronomen.

Liebe Laura,

wie geht es _______ ? Hat es _______ in Italien gefallen?

Seit wann seid _______ zurück?

_______ geht es gut. Leider sind _______ in den Ferien zu Hause geblieben. Mein Vater hatte eine Grippe, aber jetzt geht es _______ schon besser.

Wann sehen wir _______ wieder? Ruf _______ doch einfach mal an.

Bis bald

Klaus

7 Demonstrativpronomen

Das **Demonstrativpronomen** ist die lateinische Bezeichnung für das **hinweisende Fürwort**. Demonstrativpronomen können Nomen begleiten oder sie ersetzen (siehe Beispiel 1).
Auch **der**, **die** und **das**, die du als bestimmte Artikel kennst, können als Demonstrativpronomen verwendet werden. Dann sind sie betont (siehe Beispiel 2).

Beispiel 1:	**Dieses** Buch gehört Tim. **Jenes** (Buch) dort gehört Laura.
Beispiel 2:	Kennst du den Mann dort? – Nein, **den** kenne ich nicht. **Das** habe ich mir schon gedacht.

1. Setze *dieser*, *diese* oder *dieses* richtig ein.

a)  ____________ Katze

b)  ____________ Vogel

c)  ____________ Eis

d)  ____________ Hände

2. **Setze die Formen von *jener*, *jene*, *jenes* richtig ein.**

Achte dabei auf den richtigen Fall.

a) Dieses Auto hat fünf Türen, ______ dort drüben aber nur drei.

b) Diesen Roman habe ich schon gelesen, ______ noch nicht.

c) Viele waren einverstanden, aber dieser oder ______ stimmte dagegen.

d) Diese Straße ist noch mit Schnee bedeckt, ______ ist schon geräumt.

3. **Setze die Formen von *der*, *die*, *das* als Demonstrativpronomen richtig ein.**

Achte dabei auf den richtigen Fall.

a) Kennst du die neue Freundin von Tim? – Nein, ______ kenne ich nicht.

b) Klaus hat mich ziemlich geärgert! Mit ______ rede ich kein Wort mehr!

c) Setz dich bitte auf den Stuhl! – Auf ______ hier? ______ ist aber ziemlich unbequem.

d) Magst du lieber Tee oder Limonade? – ______ ist mir egal.

e) Es ist keine Schokolade mehr da. ______ habe ich gestern gegessen.

f) Diesen Witz habe ich schon gekannt. Aber kennst du ______ ?

8 Possessivpronomen

Das **Possessivpronomen** ist die lateinische Bezeichnung für das **besitzanzeigende Fürwort**. Possessivpronomen drücken aus, was wem gehört oder was wozu gehört.

Das ist **mein** Buch. – Das ist **sein** Auto. – Das sind **ihre** Schuhe.

1. Ergänze die Sätze. Verwende dabei das richtige Possessivpronomen.

a) Die CD gehört mir.

Das ist *meine CD.*

b) Wir wohnen schon lange in diesem Haus.

Das ist ______

c) Das ist das Auto von Familie Schäfer.

Es ist ______

d) Ist das die Brille von Tim?

Ja, ______

2. Ergänze die Lücken durch die richtigen Possessivpronomen.

a) Mutter fragt Tim und Laura: „Habt ihr ______ Schulsachen schon eingepackt?"

b) Tim antwortet: „Ja, ich habe alles, auch ______ Hefte."

c) Mutter sagt: „Laura, vergiss bitte ______ Sportsachen nicht."

d) Laura fragt ______ Mutter: „Hast du ______ Ticket für den Zug irgendwo gesehen?"

e) Mutter antwortet: „Nein, aber schau doch mal in ______ Geldbörse nach."

3. Klaus stellt einige Personen vor. Ersetze die Fragezeichen durch die richtigen Possessivpronomen und schreibe dann die vier Sätze auf die Zeilen.

Das sind	unsere Nachbarn	und	? Hund
	Tina, Laura		? Eltern
	Sven		? Brüder
	Gabi, Klaus		? Großeltern

9 Interrogativpronomen

Das **Interrogativpronomen** ist die lateinische Bezeichnung für das **Fragefürwort**. Interrogativpronomen leiten Fragesätze ein.

Wer hat das gesagt? – **Wen** hast du getroffen? – **Was** ist das? – **Welcher** Tag ist heute? – **Woher** wissen Sie das?

1. Ergänze die richtigen Interrogativpronomen aus den Blasen. Die meisten Wörter musst du mehrmals verwenden.

wessen ? wen wer ? was ? wem

a) Das Telefon hat geklingelt. ______ war denn dran? – Papa.

b) ______ hast du zum Abendessen eingeladen? – Tim.

c) Weißt du, ______ dieser Pullover gehört? – Nein, keine Ahnung.

d) ______ Buch ist das? – Es gehört Laura.

e) ______ suchst du? – Meinen Füller.

f) ______ ist denn da passiert? – Ich habe die Milch verschüttet.

g) ______ hat Laura das Fahrrad geliehen? – Ich glaube, ihrer Freundin.

2. Hier geht es um indirekte Fragesätze. Ergänze jeweils das richtige Interrogativpronomen.

a) Ich weiß nicht, ______ vorhin angerufen hat.

b) Sag mir bitte, ______ du möchtest.

c) Ich habe keine Ahnung, ______ Tasche das ist.

d) Papa hat mich gefragt, ______ ich getroffen habe.

3. **Welche Sätze gehören zusammen? Ordne sie zu und schreibe die Buchstaben in die Kästchen.**

1 Woher kommst du?
2 Was machst du am Samstag?
3 Welcher Zug hält in Nürnberg?
4 Welches Eis magst du am liebsten?
5 Was hast du eingekauft?
6 Welche Bücher liest du besonders gern?
7 Welcher Pulli ist deiner?
8 Wessen Heft ist das?

a Der ICE aus Hannover.
b Kriminalromane.
c Der rote.
d Äpfel und Bananen.
e Italienisches.
f Es gehört Tim.
g Aus Berlin.
h Ich gehe schwimmen.

1	2	3	4	5	6	7	8

4. **Wie könnten die passenden Fragen zu den Antworten heißen? Schreibe deine Vorschläge auf die Zeilen.**

a) Aus der Türkei.

Woher kommst du?

b) In Hamburg.

____

c) Heute Abend gehe ich ins Kino.

____

d) Das ist das Fahrrad von Laura.

____

e) Heute ist Montag.

____

10 Reflexivpronomen

Das **Reflexivpronomen** ist die lateinische Bezeichnung für das **rückbezügliche Fürwort**. Diese Pronomen beziehen sich zurück auf das Subjekt (= Satzgegenstand) des Satzes.

Tim putzt **sich** die Zähne. – Wir lassen **uns** Zeit.

1. Ergänze die Formen der Reflexivpronomen im Akkusativ (= 4. Fall) und Dativ (= 3. Fall).

Akkusativ	**Dativ**
ich freue *mich*	ich putze _____ die Zähne
du freust _____	du putzt _____ die Zähne
er / sie / es freut _____	er putzt _____ die Zähne
wir freuen _____	wir putzen _____ die Zähne
ihr freut _____	ihr putzt _____ die Zähne
sie / Sie freuen _____	sie putzen _____ die Zähne

2. Ergänze die Reflexivpronomen im Akkusativ oder Dativ.

a) Freust du _____ schon auf die Sommerferien?

b) Wasch _____ vor dem Essen bitte die Hände!

c) Nehmen Sie _____ doch noch ein Stück Torte!

d) Wir haben _____ bei Oma für die Geschenke bedankt.

e) Da habt ihr _____ bestimmt geirrt!

3. Ersetze die farbig gedruckten Wörter durch die vorgegebenen Ausdrücke und formuliere die Sätze neu, ohne ihren Sinn zu verändern. Schreibe die Lösungen auf die Zeilen.

sich beeilen

sich umziehen

sich ereignen

sich erkundigen

sich ausruhen

a) Der Unfall passierte gestern Abend gegen 20 Uhr.

b) Macht schneller, damit wir nicht zu spät kommen!

c) Bevor wir zu Oma gehen, musst du dir etwas anderes anziehen.

d) Frag bitte am Schalter nach, wie viel die Fahrkarte kostet!

e) Am Ende dieser Übung kann ich eine Pause machen.

11 Relativpronomen

Das **Relativpronomen** ist die lateinische Bezeichnung für **bezügliches Fürwort**. Diese Pronomen stehen am Beginn eines Relativsatzes – einer Form des Nebensatzes – und beziehen sich auf das vorher im Hauptsatz genannte Nomen.

Das ist der Freund, **der** mich heute besucht.

Wo ist das Obst, **das** du eingekauft hast?

1. Ergänze das Relativpronomen.

a) Wie heißt der Freund,
_____ sich das Bein gebrochen hat?
_____ du heute Nachmittag besuchst?
_____ du das Buch geliehen hast?

b) Wie heißt das Mädchen,
_____ dort drüben steht?
_____ du die E-Mail geschrieben hast?
_____ du im Kino getroffen hast?

c) Wie heißt die Lehrerin,
_____ du in Deutsch hast?
_____ du schon so lange kennst?
_____ du im Supermarkt begegnet bist?

2. **Ergänze das Relativpronomen im Genitiv (= 2. Fall) oder Dativ (= 3. Fall).**

a) Die Pflanze, ________ Blätter braun geworden sind, ist krank.

b) Tim, ________ Fahrrad gestohlen wurde, fährt jetzt mit dem Bus zur Schule.

c) Wie heißt das Mädchen, ________ Freundin in Köln wohnt?

d) Unsere Nachbarn, ________ wir beim Umzug geholfen haben, wollen uns am Samstag zum Abendessen einladen.

e) Laura, ________ Bein nach dem Skiunfall gebrochen war, kann schon wieder gut laufen.

3. **Erkläre die farbigen Begriffe mit Hilfe der vorgegebenen Wörter.**

a) Fußballschuhe – Schuhe – zum Fußballspielen anziehen

Fußballschuhe sind Schuhe, die man zum Fußballspielen anzieht.

b) Ein Lexikon – ein Buch – unbekannte Wörter nachschlagen

c) Ein Bücherregal – ein Möbelstück – Bücher stellen

d) Eine Bohrmaschine – ein Gerät – Löcher bohren

12 Adjektive vor dem Nomen

Das Adjektiv (= Eigenschaftswort / Wiewort) gibt an, **wie etwas ist** oder welche **Eigenschaft** eine Person, Lebewesen oder Sache hat.
Wenn das Adjektiv vor einem Nomen (= Namenwort) steht und dieses Nomen näher bestimmt, wird es dekliniert (= gebeugt).

das **dicke** Buch – **Wie ist** das Buch? Es ist **dick**.

der **junge** Hund – die **schöne** Reise – das **kleine** Haus
ein **junger** Hund – eine **schöne** Reise – ein **kleines** Haus

1. Ergänze die Endungen.

a) das schnell *e* Auto
b) der süß ___ Saft
c) die schwarz ___ Katze
d) die spannend ___ Filme
e) ein schnell ___ Auto
f) ein süß ___ Saft
g) eine schwarz ___ Katze
h) Ich mag spannend ___ Filme.

2. Ergänze die Endungen.

a) Gib mir bitte das groß ___ Lineal!
b) Das war wirklich ein spannend ___ Film.
c) Tim hat eine neu ___ Freundin.
d) Sie trägt eine blau ___ Hose und einen rot ___ Pullover.
e) Es schneit. Zieh lieber die dick ___ Stiefel an, nicht die dünn ___ Halbschuhe.
f) Sie wohnen seit dem letzt ___ Monat in einem neu ___ Haus.
g) Die Fassade des neu ___ Hauses wurde gelb gestrichen.

3. Ergänze die Endungen in den Zeitungsanzeigen.

a) Jung___ Ehepaar mit zwei klein___ Kindern
sucht groß___ Haus in ruhig___ Lage zur Miete.

b) Groß___ Zimmer in klein___ Wohngemeinschaft
mit nett___ Leuten an freundlich___ Studentin
zu vermieten.

c) Drei jung___ Kätzchen zu verschenken –
nur an tierlieb___ Familien mit eigen___ Haus
und groß___ Garten.

4. Was schenkst du deinem Freund oder deiner Freundin zum Geburtstag? Schreibe die Antworten nach den vorgegebenen Wörtern auf die Zeilen.

a) ein T-Shirt – weiß

Ich schenke ihm / ihr ein weißes T-Shirt.

b) die CD von Robbie Robson – neu

____

c) ein Modellauto – klein

____

d) ein Pullover – gestreift

____

e) ein Kaktus – klein, grün

____

13 Adjektive nach dem Nomen

Das Adjektiv (= Eigenschaftswort / Wiewort) gibt an, **wie etwas ist** oder welche **Eigenschaft** eine Person, Lebewesen oder Sache hat.
Wenn das Adjektiv nach einem Nomen (= Namenwort) steht, das es näher bestimmt, wird es nicht dekliniert (= gebeugt).

Der Hund ist **jung**. – Die Reise war **schön**. – Das Haus ist **klein**.

1. Schreibe kurze Sätze auf die Zeilen – so wie im ersten Beispiel.

a) das neue Fahrrad *Das Fahrrad ist neu.*

b) der gefährliche Räuber

c) der langweilige Film

d) die teure Uhr

e) die leckere Torte

f) die nette Nachbarin

2. Ergänze das Adjektiv, das das Gegenteil ausdrückt.

a) Die Schnecke ist langsam, der Hase ist ______ .

b) Limonade ist süß, Essig ist ______ .

c) Diese Uhr ist billig, die andere ist ______ .

d) Tims Haare sind kurz, Lauras Haare sind ______ .

e) Die Straße ist trocken, das Gras ist ______ .

f) Diese Flasche ist voll, die andere ist ______ .

g) Die Hütte ist klein, die Burg ist ______ .

3. Verbinde die Nomen mit passenden Adjektiven durch eine Linie. Schreibe anschließend kurze Sätze auf die Zeilen – wie im ersten Beispiel.

Ordne zuerst alle Adjektive zu und schreibe dann die Sätze.

Messer	laut
Suppe	leicht
Tisch	dick
Feder	scharf
Turm	heiß
Musik	rund
Wörterbuch	hoch

Das Messer ist scharf.

14 Steigerung der Adjektive

Die meisten Adjektive können gesteigert werden. Das ist wichtig, wenn du zum Beispiel zwei Dinge miteinander vergleichen willst. Es gibt drei Stufen.

Grundstufe (Positiv):	**klein** – das kleine Auto
Höherstufe (Komparativ):	**kleiner** – Auto X ist kleiner als Auto Y.
Höchststufe (Superlativ):	**am kleinsten** – Auto Z ist am kleinsten.

Neben diesen regelmäßigen Steigerungen gibt es Besonderheiten:
w**ä**rm – w**ä**rmer – am w**ä**rmsten / j**u**ng – j**ü**nger – am j**ü**ngsten
= Wechsel vom Selbstlaut zum Umlaut.

gut – **besser** – **am besten** = unregelmäßige Steigerungsformen.

1. Ergänze zu jeder Grundstufe den Komparativ und den Superlativ.

➤ Die Formen sind alle regelmäßig.

a)	schnell	*schneller*	*am schnellsten*
b)	schwer	______	______
c)	einfach	______	______
d)	schön	______	______

2. Ergänze zu jeder Grundstufe den Komparativ und den Superlativ.

➤ Im Komparativ und Superlativ wird aus dem Selbstlaut ein Umlaut.

a)	groß	*größer*	*am größten*
b)	hart	______	______
c)	alt	______	______
d)	dumm	______	______

3. Ergänze zu den vorgegebenen Adjektiven die Formen im Superlativ.

Die Formen sind alle unregelmäßig.

a) die ______________________ Berge

b) die ______________________ Torten

c) die ______________________ Filme

hoch

gut

viel

4. Ergänze das Gegenteil im Komparativ.

Achte darauf, dass du die Formen dem Nomen anpassen musst.
Im ersten Beispiel ist es „der Weg".

a) Der Weg ist mir zu lang. Kennst du keinen ***kürzeren?***

b) Der Mantel ist mir im Winter zu dünn. Ich ziehe lieber

den ______________________ an.

c) Die Äpfel sind zu sauer. Wenn wir wieder zum Markt gehen,

nehmen wir ______________________ .

d) Die Stange ist zu kurz. Wir brauchen eine ______________________ .

e) Die Kekse sind hart. Ich mag lieber ______________________ .

15 Adjektive bilden durch Endungen

Die Endungen **ig, lich** und **isch** sind typische Adjektivendungen. Daran kannst du Adjektive gut erkennen und selbst Adjektive bilden.

bill**ig** – flüss**ig** – schriftl**ich** – häss**lich** – elektr**isch** – kom**isch**

1. Ergänze die Endung *ig* oder *lich* und schreibe die Adjektive zur passenden Gruppe auf die Zeilen.

freund ? schreck ? fleiß ? eck ?
geiz ? ängst ? glück ?
vorsicht ? beweg ? durst ?

2. Wie heißen die Hauptstädte der Länder? Trage zuerst die Stadt in die Kästchen ein und formuliere dann einen Satz – wie im ersten Beispiel.

a) Italien R o m

Die italienische Hauptstadt heißt Rom.

b) Österreich ☐☐☐☐

____

c) Frankreich ☐☐☐☐☐

____

d) Spanien ☐☐☐☐☐☐

____

e) Belgien ☐☐☐☐☐☐☐

____

3. Brauchst du *ig*, *lich* oder *isch*? Ergänze die Endungen.

a) Ich habe mir das Bein gebrochen. Das tut höll ______ weh!

b) Der Gewitterregen gestern Abend war äußerst heft ______.

c) Lass uns etwas essen. Ich bin hungr ______.

d) Diese Übung mache ich schrift ______.

e) Diese Uhr war sicher nicht bill ______.

f) Der Zirkusclown war sehr kom ______.

g) Tageszeitungen werden täg ______ gedruckt.

16 Adjektive bilden durch Ableitungen

In diesem Kapitel geht es darum, wie du aus einem Grundwort und einer Endung Adjektive bilden kannst. Manchmal musst du dabei das Grundwort etwas verändern.

Von Nomen abgeleitete Adjektive:
der **Freund** + Endung **lich** = **freundlich**
die **Sonn(e)** + Endung **ig** = **sonnig**
die **Stadt** + Endung **isch** = **städtisch**

Von Verben abgeleitete Adjektive:
ess(en) + Endung **bar** = **essbar**
beweg(en) + Endung **lich** = **beweglich**

1. Bilde aus den Nomen Adjektive mit der Endung *lich*. Schreibe die Lösungen auf die Zeilen.

➤ Überlege, ob und wie du das Nomen leicht verändern musst – zum Beispiel durch den Wechsel vom Selbstlaut zum Umlaut.

~~das Jahr~~ die Angst der Monat der Mund der Arzt die Stunde der Tag der Schrecken das Glück der Tod das Amt die Schrift

jährlich, ______________________________

____

____

____

2. Bilde aus den Nomen Adjektive. Überlege, welche Endung du brauchst. Achte auch auf mögliche Veränderungen beim Nomen.

ig **isch**

a) das Dreieck ______

b) die Mode ______

c) die Farbe ______

d) der Fleiß ______

e) der Automat ______

f) der Himmel ______

3. Bilde aus den Verben Adjektive mit den angegebenen Endungen.

Denke daran, dass du die Verben beim Ableiten verändern musst.

bar	lich
erkennen, danken, bewohnen, lesen, fahren, reizen	bewegen, verkaufen, empfinden, nachdenken, verstehen, lachen
______	______
______	______
______	______
______	______
______	______
______	______

17 Lokale Präpositionen mit Dativ

Mithilfe von Präpositionen (= Verhältniswörtern) können lokale (= örtliche / räumliche) Bezüge beschrieben werden. Wenn du mit **Wo?** oder **Woher?** fragen kannst, folgt nach der Präposition der Dativ (= 3. Fall).

Tim ist **in** der Schule.	**Wo** ist Tim?	In der Schule.
Tim kommt **aus** der Schule.	**Woher** kommt Tim?	Aus der Schule.

1. Schau dir die Zeichnung an und schreibe die Präpositionen in die Kästchen.

a) Das Bild hängt ☐☐ der Wand.

b) Der Karton steht ☐☐☐ dem Schrank.

c) Der Teppich liegt ☐☐☐ dem Sofa.

d) Die Regale stehen ☐☐☐☐☐ dem Fenster.

e) Die Pflanze steht ☐☐☐☐☐☐ dem Sofa.

f) Das Bild hängt ☐☐☐☐ dem Sofa.

2. Bilde aus den angegebenen Wörtern Sätze.

in dem = im, an dem = am

a) Lineal – liegen – auf – Schreibtisch

Das Lineal liegt auf dem Schreibtisch.

b) Tim – liegen – in – Bett

____

c) Schreibtisch – stehen – an – Fenster

____

d) Postamt – sein – neben – Bahnhof

____

e) Opa – sitzen – vor – Fernseher

____

f) Schlüssel – stecken – in – Schloss

____

3. **Welche Satzteile gehören zusammen? Ordne sie zu und schreibe die Buchstaben in die Kästchen.**

1	Die Kirche steht	a	auf der Terrasse.
2	Die Postkarte liegt	b	am Main.
3	Milch und Butter findest du	c	in der Mitte des Dorfes.
4	Frankfurt liegt	d	am Stadtrand.
5	Wir wohnen in einem Haus	e	im Briefkasten.
6	Bei schönem Wetter sitzen wir	f	im Kühlschrank.

1	2	3	4	5	6

18 Lokale Präpositionen mit Akkusativ

Mithilfe von Präpositionen (= Verhältniswörtern) können lokale (= örtliche / räumliche) Bezüge beschrieben werden. Wenn du mit **Wohin?** fragen kannst, folgt nach der Präposition der Akkusativ (= 4. Fall).

Tim geht **in** die Schule.	**Wohin** geht Tim?	In die Schule.
Tim klettert **auf** den Baum.	**Wohin** klettert Tim?	Auf den Baum.

1. Ergänze die passende Präposition und den bestimmten Artikel.

in das = ins, an das = ans, auf das = aufs

in | an | auf

a) Gehst du mit mir heute Abend ________________ Kino?

b) Häng deinen Mantel bitte ________________ Garderobe!

c) Laura springt kopfüber ________________ Schwimmbecken.

d) Fährst du in den Ferien wieder ________________ Meer?

e) Am Sonntag fahren wir zu Verwandten ________________ Land.

f) Er legt die Zeitung ________________ Tisch.

2. Ergänze jeweils die Sätze auf der rechten Seite.

	Das Bild hängt …	Ich hänge das Bild …
a)	an der Wand.	*an die Wand.*
b)	neben dem Fenster.	
c)	über der Kommode.	
d)	im Wohnzimmer.	

3. Welche Antwort ist richtig? Kreuze an.

a)	Wohin gehst du?	Im Schwimmbad.	☐
		Ins Schwimmbad.	☐
b)	Wohin setzt sie sich?	Auf den Stuhl.	☐
		Auf dem Stuhl.	☐
c)	Wohin stellt er die Bücher?	Im Regal.	☐
		Ins Regal.	☐
d)	Wohin klettert der Affe?	Auf dem Baum.	☐
		Auf den Baum.	☐

4. Ergänze jeweils die Präposition *nach* oder *in* sowie – falls notwendig – den bestimmten Artikel.

Er fährt …

a)	*in die*	Schweiz.	**e)**		Berlin.
b)		Hause.	**f)**		Alpen.
c)		England.	**g)**		Paris.
d)		Türkei.	**h)**		Rom.

19 Temporale Präpositionen

Mithilfe von Präpositionen (= Verhältniswörtern) können temporale (= zeitliche) Bezüge beschrieben werden.
Das kann entweder ein bestimmter Zeitpunkt oder eine Zeitdauer sein.
Du fragst: **Wann? / Wie lange? / Wie oft?**.

Zeitpunkt:	**um** 15 Uhr, **nach** dem Frühstück, **vor** dem Abendessen, **im** (= in + dem) Sommer, **am** (= an + dem) Montag.
Zeitdauer:	**ab** heute, **seit** gestern, **vom** (von + dem) 1. **bis** 10. Mai.

1. Ergänze jeweils die Präposition *an* oder *in* sowie – falls notwendig – den bestimmten Artikel.

an dem = am, in dem = im

Tim kommt …

a) ______________ zwei Wochen.

b) ______________ Weihnachten.

c) ______________ Nachmittag.

d) ______________ einer Stunde.

e) ______________ 15.8.

f) ______________ Freitag.

g) ______________ Nacht.

h) ______________ Januar.

2. Welche Antwort ist richtig? Kreuze an.

a) Wann ist das passiert?
- An den Ferien. ☐
- In den Ferien. ☐

b) Wie lange wohnst du schon hier?
- Seit zwei Jahren. ☐
- Vor zwei Jahren. ☐

c) Wann fahrt ihr weg?
- Am Freitag. ☐
- Bis Freitag. ☐

d) Wann ist Pause?
- Während 10 Uhr und 11 Uhr. ☐
- Von 10 Uhr bis 11 Uhr. ☐

3. Bilde aus den angegebenen Wörtern Sätze. Ergänze dabei die richtigen Präpositionen.

in dem = im, an dem = am, von dem = vom, seit + Dativ (3. Fall)

a) Sonntag die Geschäfte geschlossen sein

Am Sonntag sind die Geschäfte geschlossen.

b) Laura 15 Uhr zu ihrer Freundin gehen

____

c) Tim Nachmittag mit seinem Freund ins Kino gehen

____

d) Winter häufig kalt sein

____

e) Wir 16.12. – 3.1. Urlaub haben

____

f) Wir morgen Ferien haben

____

g) Opa letzter Montag im Krankenhaus sein

____

20 Verben mit Präpositionen

Manche Verben (= Zeitwörter / Tunwörter) sind immer mit einer Präposition verbunden. Verben mit Präpositionen kannst du in diesem Kapitel trainieren.

warten auf – Ich warte auf den Bus.
sich freuen über – Sie freut sich über das Geschenk.
träumen von – Er hat letzte Nacht von einem Löwen geträumt.

1. Ergänze jeweils die richtige Präposition.

um • auf • zu • mit • für • an • über

a) Ich komme gleich. Warte bitte ____________ mich!

b) Tim ärgert sich ____________ seinen Freund.

c) Laura interessiert sich sehr ____________ Mode.

d) Frau Meier bittet ihre Nachbarin ____________ Hilfe.

e) Wir laden euch herzlich ____________ unserer Party am Samstag ein.

f) Warum sprichst du nicht mehr ____________ mir? Bist du sauer?

g) Klaus schickt eine SMS ____________ seine Freundin Tina.

2. Welche Präposition ist richtig? Kreuze an.

a) sich **?** einen Fehler entschuldigen — für ☐ / bei ☐

b) eine E-Mail **?** den Freund schreiben — mit ☐ / an ☐

c) am Telefon **?** jemandem sprechen — mit ☐ / um ☐

3. Ergänze die Fragen und die Antworten. Bei den Fragen musst du immer mit den Buchstaben *wo* beginnen.

a) *Worüber* habt ihr euch so lange unterhalten? – *Über* die Matheprüfung.

b) ______ freust du dich am meisten? – ______ die Ferien, die am nächsten Montag anfangen.

c) ______ riecht es hier? – ______ frisch gebackenem Kuchen.

d) ______ werden eigentlich Pullover gemacht? – ______ Wolle.

e) ______ hast du letzte Nacht geträumt? – ______ einer Supernote in Deutsch.

f) ______ hast du im Winter teilgenommen? – ______ einem Skikurs.

g) ______ fangen sie jetzt an? – ______ dem Mittagessen.

21 Nebenordnende Konjunktionen

Nebenordnende Konjunktionen (= Bindewörter) verbinden gleichrangige Satzteile oder Hauptsätze mit Hauptsätzen.

Zu den nebenordnenden Konjunktionen gehören:
und – deshalb – aber – sondern – denn – oder – weder … noch – sowohl … als auch

1. Ersetze die Konjunktion *und* durch die Konjunktion *sowohl … als auch*.

Beide Konjunktionen drücken eine Aufzählung aus.

a) Tim mag Pizza und Spaghetti.

Tim mag sowohl Pizza als auch Spaghetti.

b) Während der Ferien fuhren wir durch die Schweiz und durch Italien.

c) Ich habe ihm eine SMS und eine E-Mail geschickt.

d) Laura ist krank. Sie hat Husten und Schnupfen.

e) Klaus und Tim kommen mich heute Nachmittag besuchen.

2. Ergänze die Sätze sinnvoll durch eine passende Konjunktion aus dem Kasten. Die verwendete Konjunktion streichst du durch.

aber deshalb sondern
oder denn weder ... noch

a) Es ist schon spät, müssen wir uns beeilen.

b) Sie hat zwar eine gute Note in Deutsch, eine Fünf in Mathe.

c) Laura hat Zeit Lust, um morgen mit mir ins Kino zu gehen.

d) Mein Vater ist kein Arzt, Krankenpfleger.

e) Ich nehme den Bus mein Fahrrad, um jeden Morgen in die Schule zu fahren.

f) Tim kann nicht mit uns Fußball spielen, er muss erst noch seine Schularbeiten machen.

3. **Ergänze selbstständig eine der nebenordnenden Konjunktionen, die du in diesem Kapitel geübt hast.**

a) Fährt der Zug direkt nach Köln müssen wir umsteigen?

b) Wir gehen heute nicht spazieren, der Wetterbericht sagt Regen voraus.

c) Der Wetterbericht sagte nicht Regen, Schnee voraus.

d) Es wird regnen, bleiben wir zu Hause.

e) Sie mag Tee Kaffee.

22 Unterordnende Konjunktionen

Unterordnende Konjunktionen (= Bindewörter) verbinden Hauptsätze mit Nebensätzen. Zwischen Haupt- und Nebensatz steht immer ein Komma.

Ich kann nicht kommen, **weil** ich keine Zeit habe.

Hauptsatz — Nebensatz

Zu den unterordnenden Konjunktionen gehören:
weil – **obwohl** – **bevor** – **während** – **nachdem** – **bis** – **als** – **wenn** – **falls** – **ob** – **dass**

1. Welche Sätze gehören zusammen? Ordne sie zu und schreibe die Buchstaben in die Kästchen.

1	Bitte warte hier,	a	weil er keine Zeit hat.
2	Schau mal im Kühlschrank nach,	b	bis ich dich abhole.
3	Tim kann nicht kommen,	c	als ich aufwachte.
4	Ich weiß genau,	d	obwohl sie krank ist.
5	Draußen war es schon hell,	e	ob wir Milch brauchen.
6	Sie geht in die Schule,	f	dass das richtig ist.

1	2	3	4	5	6

2. Ergänze *wenn* oder *als*.

a) ____________ wir am Bahnhof ankamen, war der Zug schon weg.

b) ____________ es regnet, bleiben wir hier.

c) ____________ du willst, gehen wir heute Nachmittag ins Kino.

d) ____________ die Party vorbei war, gingen Tim und Laura nach Hause.

3. Ersetze *denn* durch *weil*. Achte darauf, dass du im weil-Satz die Wortstellung verändern musst.

Im weil-Satz steht das gebeugte Verb immer am Schluss.

a) Ich kann nicht kommen, denn ich habe keine Zeit.

Ich kann nicht kommen, weil ich keine Zeit habe.

b) Wir blieben im Schatten, denn in der Sonne war es zu heiß.

c) Tim musste lange warten, denn er hatte den Zug verpasst.

d) Der Einbrecher konnte fliehen, denn niemand hatte ihn bemerkt.

e) Laura freut sich sehr, denn sie hat eine Eins in der Deutschprüfung.

23 Die Verben sein, haben und werden

Die Verben *sein*, *haben* und *werden* sind sowohl **Vollverben** (= Tunwörter mit eigener Bedeutung) als auch **Hilfsverben** (= Tunwörter, mit deren Hilfe eine zusammengesetzte Zeitform gebildet wird). Die Formen dieser Verben kannst du hier trainieren.

sein / haben / werden als Vollverben:
Sie **ist** Schülerin. – Ich **habe** Hunger. – Er **wird** Rechtsanwalt.

sein / haben / werden als Hilfsverben:
Der Zug **ist angekommen**. = Perfekt (2. Vergangenheit)
Ich **habe** sie **gesehen**. = Perfekt (2. Vergangenheit)
Tim **wird** mich **besuchen**. = Futur I (Zukunft)

1. Ergänze die Formen von *sein*, *haben* und *werden* im Präsens (= Gegenwart).

	sein	haben	werden
ich	*bin*	*habe*	*werde*
du			
er / sie / es			
wir			
ihr			
sie			

2. Ergänze die Formen entweder im Präsens (= Gegenwart) oder im Präteritum (= 1. Vergangenheit).

Präsens	Präteritum
a) ich werde	ich *wurde* ______
b) du ______	du warst
c) sie hat	sie ______
d) wir ______	wir waren
e) ihr werdet	ihr ______
f) sie ______	sie hatten

3. Ergänze die Sätze durch die Hilfsverben *haben*, *sein* oder *werden* in der richtigen Form. Die Angabe in Klammern am Ende des Satzes zeigt dir die Zeitstufe an.

Wenn du dir nicht sicher bist, dann schau dir die Beispiele auf Seite 50 an.

a) Der Zug heute Morgen um 7 Uhr 10 angekommen.

(Perfekt / 2. Vergangenheit)

b) Der Zug am Samstag um 17 Uhr abfahren.

(Futur I / Zukunft)

c) Tim zu meiner Geburtstagsparty kommen.

(Futur I / Zukunft)

d) Ich Tim zu meiner Geburtstagsparty eingeladen.

(Perfekt / 2. Vergangenheit)

e) Laura gestern mit ihrer Freundin ins Kino gegangen.

(Perfekt / 2. Vergangenheit)

f) Opa und Oma an Weihnachten zu uns kommen.

(Futur I / Zukunft)

24 Regelmäßige Verben im Präsens

Regelmäßige Verben (= Tunwörter / Zeitwörter / Tätigkeitswörter) werden – wie der Name schon sagt – regelmäßig konjugiert (= gebeugt). In diesem Kapitel geht es um die Formen im Präsens (= Gegenwart).

Infinitiv: lach **en**

↙ Wortstamm ↘ Endung

Präsensformen:	
ich	lach**e**
du	lach**st**
er / sie / es	lach**t**
wir	lach**en**
ihr	lach**t**
sie	lach**en**

1. Markiere bei den Verben jeweils den Wortstamm farbig.

Das Beispiel *lachen* oben zeigt dir, was ein Wortstamm ist.

a) f r a g e n

b) s p i e l s t

c) s a g t

d) m a c h s t

e) s p a z i e r e

f) w a r t e n

2. Schreibe zu jedem Verb die angegebene Form im Präsens auf die Zeilen.

Wenn der Wortstamm auf d oder t endet, musst du danach ein e ergänzen.
Falsch ist: du arbeitst / er arbeitt / ihr arbeitt.
Richtig ist: du arbeitest / er arbeitet / ihr arbeitet.

a) warten — er

b) flüchten — du

c) leiden — ihr

d) schaden — es

3. Schreibe zu jedem Verb im Kasten die ich-Form (1. Person Singular / Einzahl) im Präsens auf die Zeilen.

Bei Verben mit der Endung *eln* in der Grundform lautet die Endung in der 1. Person *le*.

lächeln, murmeln, verhandeln, schütteln, wickeln, sammeln, zweifeln, verdoppeln

ich lächle, ____

____

____

4. Ergänze die Sätze durch die richtige Form der angegebenen Verben im Präsens.

arbeiten, schütteln, beantworten, warten, machen, schaden

a) Ich ______________ die Äpfel vom Baum herunter.

b) ______________ dein Vater schon lange bei dieser Firma?

c) Ihr ______________ bitte hier auf mich.

d) Was ______________ du denn da?

e) Zu viel Kaffee ______________ der Gesundheit.

f) ______________ du bitte meine Fragen?

25 Unregelmäßige Verben im Präsens

Unregelmäßige Verben (= Tunwörter / Zeitwörter / Tätigkeitswörter) werden – wie der Name schon sagt – unregelmäßig konjugiert (= gebeugt). In diesem Kapitel geht es um das Präsens (= Gegenwart).

Wechsel des Vokals (Selbstlauts) im Wortstamm von e zu i und a zu ä in der 2. / 3. Person Singular (Einzahl):

ich nehme – du nimmst – er / sie / es nimmt
ich lese – du liest – er / sie / es liest
ich halte – du hältst – er / sie / es hält

1. Ergänze entweder den Infinitiv (Grundform) oder die Form der 2. / 3. Person Singular (Einzahl).

Bei diesen Verben geht es um den Wechsel des Vokals von *e* zu *i*.

	Infinitiv	3. Person Singular
a)	geben	er *gibt*
b)	______	sie nimmt
c)	vergessen	du ______
d)	______	sie hilft
e)	sprechen	du ______
f)	______	er stirbt
g)	essen	sie ______
h)	______	du triffst

2. Stelle die Fragen in der du-Form. Schreibe die Lösungen auf die Zeilen.

Achte wieder auf die Vokalwechsel.

a) Wann fahren Sie nach Hamburg?

____

b) Was halten Sie von dieser Idee?

____

c) Welche Bücher lesen Sie gern?

____

d) Sprechen Sie Englisch?

____

e) Verraten Sie mir das Geheimnis?

____

3. Schreibe die Infinitive (Grundformen) der Verben in die Kästchen. Die Buchstaben in den dunkelgelben Feldern ergeben von oben nach unten ein unregelmäßiges Verb.

a) er wirft

b) du lässt

c) du hilfst

d) du empfiehlst

e) er lädt

f) er läuft

Lösung:

26 Stammformen der Verben

In den Kapiteln 24 und 25 siehst du, dass es im Deutschen regelmäßige und unregelmäßige Verben (= Tunwörter / Zeitwörter / Tätigkeitswörter) gibt. Wenn du Verben lernst, merkst du dir am besten gleich die drei Stammformen.
Bei den folgenden Beispielen erkennst du an den Stammformen, dass *lachen* und *fragen* regelmäßige Verben, *nehmen* und *helfen* jedoch unregelmäßige Verben sind.

Stammform 1 ist der **Infinitiv** (= die Grundform des Verbs):
lachen – **fragen** – **nehmen** – **helfen**

Stammform 2 ist die **1. Person Einzahl des Präteritums** (= 1. Vergangenheit):
(ich) **lachte** – (ich) **fragte** – (ich) **nahm** – (ich) **half**

Stammform 3 ist das **Partizip Perfekt** (= Mittelwort der Vergangenheit):
(ich habe) **gelacht** – (ich habe) **gefragt** – (ich habe) **genommen** – (ich habe) **geholfen**

1. Schreibe neben die Grundformen (Infinitive) die beiden fehlenden Stammformen.

Alle Wörter gehören zu den regelmäßigen Verben.

a) reisen *reiste, gereist*

b) rechnen ______

c) lieben ______

d) zielen ______

e) zählen ______

f) machen ______

g) glauben ______

2. Ergänze jeweils die fehlenden Stammformen.

Alle Wörter gehören zu den unregelmäßigen Verben.

Stammform 1	Stammform 2	Stammform 3
stehlen	*stahl*	*gestohlen*
	warf	
		gewusst
schieben		
	ließ	
		geschwommen
nehmen		
	floss	
		gegangen
brechen		
	trank	
		gesungen

27 Verben im Präteritum

Verben (= Tunwörter / Zeitwörter / Tätigkeitswörter) kommen in unterschiedlichen Tempora (= Zeiten) vor. Das Präteritum (1. Vergangenheit) wird meist in Berichten oder schriftlichen Erzählungen verwendet. Bei den unregelmäßigen Verben musst du die Stammformen (siehe Kapitel 26) kennen.

lachen (regelmäßiges Verb)		sprechen (unregelmäßiges Verb)	
ich	lach**te**	ich	sprach
du	lach**test**	du	sprach**st**
er / sie / es	lach**te**	er / sie / es	sprach
wir	lach**ten**	wir	sprach**en**
ihr	lach**tet**	ihr	sprach**t**
sie	lach**ten**	sie	sprach**en**

1. Ergänze die angegebenen Verben im Präteritum.

Alle Wörter gehören zu den regelmäßigen Verben.

a) Er ______________________ im Urlaub nach Italien.

b) Ich ______________________ vor dem Kino auf ihn.

c) Wir ____________________ alle übrigen Fragen.

d) Sie (3. Pers. Einzahl) ____________________ mir zu.

e) Er ____________________ immer die Wahrheit.

f) Sie (3. Pers. Mehrzahl) ____________________ sehr lang über diese Sache.

warten | reden | beantworten | lächeln | reisen | sagen

2. Ergänze die angegebenen Verben im Präteritum.

Alle Wörter gehören zu den unregelmäßigen Verben.

a) Ich ______ (können) nicht kommen,
weil ich krank ______ (sein).

b) Der Einbrecher ______ (stehlen) Schmuck im Wert
von 5000 Euro.

c) In der Küche ______ (riechen) es nach frischem Kuchen.

d) Die beiden Autos ______ (stoßen) an der Kreuzung
zusammen.

e) Der Sportler ______ (laufen) so schnell wie er
______ (können).

f) Wie ______ (kommen) er nach Hause?
______ (gehen) er zu Fuß oder ______
(nehmen) er den Bus?

3. Schreibe jeweils die Form der 3. Person Singular (Einzahl)
auf die Zeilen.

Hier sind die Verben entweder regelmäßig oder unregelmäßig.

zählen helfen empfehlen frieren
lassen ~~rechnen~~ machen glauben

er rechnete, ______

______

______

28 Verben im Perfekt

Verben (= Tunwörter / Zeitwörter / Tätigkeitswörter) kommen in unterschiedlichen Tempora (= Zeiten) vor. Das Perfekt (2. Vergangenheit) wird meist in mündlichen Erzählungen verwendet. Es wird entweder mit den Hilfsverben **haben** oder **sein** gebildet (siehe Kapitel 23). Bei den unregelmäßigen Verben musst du außerdem die Stammformen (siehe Kapitel 26) kennen.

lachen (regelmäßiges Verb)		sprechen (unregelmäßiges Verb)	
ich	habe gelacht	ich	habe gesprochen
du	hast gelacht	du	hast gesprochen
er / sie / es	hat gelacht	er / sie / es	hat gesprochen
wir	haben gelacht	wir	haben gesprochen
ihr	habt gelacht	ihr	habt gesprochen
sie	haben gelacht	sie	haben gesprochen

1. Setze die angegebenen Verben vom Präteritum ins Perfekt.

Du brauchst entweder *haben* oder *sein* als Hilfsverb.

a) ich nahm *ich habe genommen*

b) du gingst

c) sie sagte

d) wir halfen

e) es regnete

f) ich fuhr

g) sie wuchs

2. Laura stellt Tim viele Fragen. Schreibe diese Fragen wie im ersten Beispiel auf die Zeilen. Verwende dabei das Perfekt.

Du brauchst entweder *haben* oder *sein* als Hilfsverb.

a) den Mülleimer leeren

Hast du den Mülleimer geleert?

b) mit dem Hund spazieren gehen

c) das Kellerlicht ausschalten

d) mit dem Rad zur Schule fahren

e) die Teller aufräumen

f) lange im Bett bleiben

29 Verben im Futur I

Verben (= Tunwörter / Zeitwörter / Tätigkeitswörter) kommen in unterschiedlichen Tempora (= Zeiten) vor.
Das Futur I (= Zukunft) sagt aus, was künftig geschehen wird. Es wird mit dem Hilfsverb **werden** (siehe Kapitel 23) plus dem Infinitiv (= Grundform) eines Verbs gebildet.

ich	werde kommen
du	wirst kommen
er / sie / es	wird kommen
wir	werden kommen
ihr	werdet kommen
sie	werden kommen

1. Bilde aus den Präsensformen das Futur I und schreibe die Lösungen auf die Zeilen.

a) er geht *er wird gehen*

b) es schneit ______

c) wir ändern ______

d) sie fahren ______

e) ich mache ______

f) ihr nehmt ______

2. Bilde aus den angegebenen Wörtern Sätze im Futur I.

Achte auch auf die richtige Wortstellung im Satz.

a) Ich – gehen – ins Kino – mit meiner Freundin.

Ich werde mit meiner Freundin ins Kino gehen.

b) Wir – fliegen – in den Ferien – nach Kanada

c) Die Polizei – jagen – den Einbrecher

d) Er – sich bedanken – bei Opa und Oma

e) Herr Weiß – ziehen – bald – in seine neue Wohnung

f) Tim – früh – schlafen gehen

g) Ich – mitbringen – Brot und Zucker – vom Supermarkt

30 Verben bilden durch Vorsilben

Durch Vorsilben kannst du neue Verben (= Tunwörter / Zeitwörter / Tätigkeitswörter) bilden, zum Beispiel **schreiben** – **beschreiben** – **abschreiben**. Solche Vorsilben sind entweder trennbar oder untrennbar. Um das zu erkennen, gibt es einen einfachen Trick: Ist die Vorsilbe betont, dann ist sie auch abtrennbar.

untrennbare Vorsilben:
beschreiben – ich **be**schreibe
gelingen – es **ge**lingt
verstehen – er **ver**steht
zerbrechen – er **zer**bricht
entscheiden – ich **ent**scheide
erlauben – du **er**laubst

trennbare Vorsilben:
abschreiben – ich schreibe **ab**
wegwerfen – er wirft **weg**
auslaufen – es läuft **aus**
aufwärmen – sie wärmt **auf**
mitkommen – wir kommen **mit**
anhalten – du hältst **an**
einsteigen – er steigt **ein**
zuschauen – ich schaue **zu**

1. Mit welchen Vorsilben kannst du aus den beiden Verben neue Verben bilden? Schreibe alle richtigen Möglichkeiten im Infinitiv (= Grundform) auf die Zeilen.

a) ziehen

er
um
ge
aus
zer

____
____
____

b) nehmen

auf
ge
ab
er
mit

____
____
____

2. Ordne die Verben der richtigen Gruppe (trennbare oder untrennbare Vorsilben) zu. Schreibe sie in der 1. Person Einzahl auf die Zeilen.

~~zuordnen~~ erlauben zerlegen
versuchen umdrehen entscheiden
abschließen anrufen bestellen aufstehen

trennbare Vorsilbe	untrennbare Vorsilbe
ich ordne zu	

3. Bilde aus den Wörtern Fragesätze im Präsens (Gegenwart).

a) wann – der Zug – abfahren

Wann fährt der Zug ab?

b) wer – den Mülleimer – ausleeren

c) warum – du – nicht – nachdenken

d) was – sie – im Supermarkt – einkaufen

31 Lokale Adverbien

Adverbien sind Umstandswörter, die sich häufig auf ein Verb (= Tunwort / Zeitwort / Tätigkeitswort) beziehen. Lokale Adverbien geben Auskunft über **Ort**, **Raum** oder **Richtung** und antworten auf die Fragen: **Wo?** – **Wohin?** – **Woher?**.

Ich warte **unten** auf dich.
Sie müssen an der Kreuzung **nach links** abbiegen.
Der Lärm kommt **von draußen**.

1. Wie musst du fragen: Wo – Woher – Wohin? Schreibe die Adverbien zur richtigen Gruppe auf die Zeilen.

Stell dir beim Einordnen der Adverbien folgende Fragen:
Wo bin ich? – Woher komme ich? – Wohin gehe ich?.
So kannst du die Übung leicht lösen.

überall, nach rechts, von rechts, von vorn, von unten, hier, unten, hinauf, hinaus, dort, abwärts, von draußen

Wo?	Woher?	Wohin?

2. Wie heißt das Gegenteil?

a) hinein *hinaus*

b) unten

c) hinten

d) überall

e) hinauf

f) abwärts

g) vorwärts

3. Welches Adverb ist richtig? Wähle aus und ergänze die Lücken.

a) Bring bitte dein Fahrrad ______________________ in den Keller! — unten / nach unten

b) Tim muss aufräumen. Seine Sachen liegen ______________________ auf dem Boden. — überall / hinauf

c) Die Sonne scheint. Wir gehen zum Spielen ______________________. — nach draußen / nach drinnen

d) Hast du meine Brille ______________________ liegen sehen? — nirgendwo / irgendwo

e) Komm doch ______________________! Die Tür ist offen. — hinein / herein

32 Temporale Adverbien

Adverbien sind Umstandswörter, die sich häufig auf ein Verb (= Tunwort / Zeitwort / Tätigkeitswort) beziehen. Temporale Adverbien geben Auskunft über **Zeit** oder **Dauer** und antworten auf die Fragen:
Wann? – Wie oft? – Wie lange?.

Er hat mich **gestern** besucht.
Wir waren noch **nie** in Spanien.
Das dauert ja **ewig**! Beeil dich doch ein bisschen!

1. Die folgenden Adverbien geben Antwort auf die Frage Wie oft?. Ordne sie der Reihenfolge nach, aufsteigend von *nie* bis *immer*. Schreibe die Lösungen auf die Zeilen.

nie 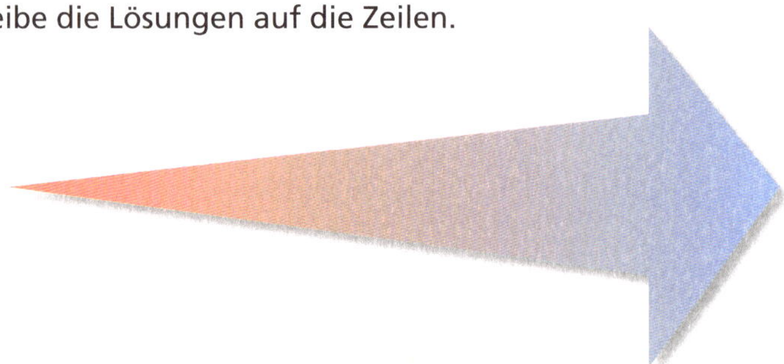 immer

manchmal

immer

~~nie~~

meistens

fast nie

selten

oft

fast immer

nie, ______________________________

____

2. Welches Adverb ist richtig? Streiche das falsche durch.

a) Mein Opa sagt immer: „Früher / Später war alles besser."

b) Warte bitte auf mich. Ich komme ein bisschen nachher / später.

c) Wir waren noch nie / bisher in Spanien.

d) Heute / Gerade ist der letzte Ferientag.

e) Weißt du, wen ich morgen / vorhin beim Einkaufen getroffen habe?

3. Die temporalen Adverbien helfen dir zu sagen, wann etwas geschehen ist (Vergangenheit), etwas geschieht (Gegenwart) oder geschehen wird (Zukunft). Schreibe die Adverbien zur richtigen Gruppe auf die Zeilen.

Stell dir beim Einordnen der Adverbien folgende Fragen:
Ist etwas (gestern) schon passiert? – Passiert etwas (jetzt)? –
Wird etwas (bald) passieren?.

jetzt gestern nun damals
gerade übermorgen
früher morgen vorhin
demnächst bald heute

Vergangenheit	Gegenwart	Zukunft

33 Dativ- und Akkusativobjekte

Neben Subjekt (= Satzgegenstand) und Prädikat (= Satzaus-sage) müssen Sätze häufig durch ein Objekt (= Ergänzung) im Dativ (3. Fall) oder Akkusativ (4. Fall) ergänzt werden.
Das liegt am Verb, das als Prädikat im Satz verwendet wird.

„Ich besuche" ist kein vollständiger Satz, denn du fragst sofort:
Ich besuche wen oder was? – Ich besuche **Tim**. Tim ist das Objekt im Akkusativ. Nach dem **Akkusativobjekt** fragst du mit **Wen oder was?**.

Tim hilft Laura. Du fragst: **Tim hilft wem?** – Tim hilft Laura. Laura ist das Objekt im Dativ. Nach dem **Dativobjekt** fragst du mit **Wem?**.

1. Wie fragst du nach den farbig gedruckten Satzteilen? Schreibe die Frage Wen oder was? oder Wem? auf die Zeile. Ergänze daneben, welches Objekt (Dativ- oder Akkusativobjekt) es ist.
Das erste Beispiel zeigt dir, wie du es machen musst.

a) Laura schreibt eine E-Mail.

Wen oder was? – eine E-Mail = Akkusativobjekt

b) Ich kaufe ein Eis.

c) Tim hilft seinem Bruder.

d) Du hörst mir zu.

e) Ich glaube ihm.

f) Klaus bestellt ein Stück Kuchen.

2. **Markiere jeweils das Dativobjekt mit grüner Farbe und das Akkusativobjekt mit roter Farbe.**

In jedem Satz gibt es ein Dativ- und ein Akkusativobjekt.

a) Tim schickt Klaus eine SMS.

b) Laura erzählt ihrer Freundin eine Geschichte.

c) Ich habe ihm ein Buch geliehen.

d) Er hat mir einen Kugelschreiber geschenkt.

3. **Ist der farbige Satzteil ein Dativ- oder ein Akkusativobjekt? Kreuze an.**

Frage genau ab mit Wem? / Wen oder was?.

a) Den Schlüssel habe ich nicht gefunden.

Dativobjekt ☐ Akkusativobjekt ☐

b) Geht es dir gut?

Dativobjekt ☐ Akkusativobjekt ☐

c) Das Buch? Ja, ich habe es ihm gegeben.

Dativobjekt ☐ Akkusativobjekt ☐

d) Warum glaubst du mir das nicht?

Dativobjekt ☐ Akkusativobjekt ☐

e) Tim hat Klaus den Bleistift geklaut.

Dativobjekt ☐ Akkusativobjekt ☐

f) „Den Bleistift gibst du Klaus sofort zurück!"

Dativobjekt ☐ Akkusativobjekt ☐

34 Der Fragesatz

Mit einem Fragesatz wird eine Frage gestellt. Am Ende des Fragesatzes steht ein Fragezeichen.
Bei der **Satzfrage** (= eine Frage, die du mit *Ja* oder *Nein* beantworten kannst) steht das konjugierte (= gebeugte) Verb an der ersten Stelle.
Bei der **W-Frage** (= Frage mit Fragefürwort; siehe Kapitel 9) steht an der ersten Stelle das Fragefürwort. Das konjugierte Verb folgt an der zweiten Stelle.

Satzfrage: Kommst du mit uns ins Kino?
Hast du das gesehen?

W-Frage: Wie heißt du?
Wer hat meinen Stift geklaut?
Wann fängt das Spiel an?

1. Welche Frage passt zur Antwort? Ordne zu und schreibe die Buchstaben in die Kästchen.

1 Der ICE aus Hannover.
2 Kriminalromane.
3 Der rote.
4 Äpfel und Bananen.
5 Tim.
6 Es gehört Tim.
7 Aus Berlin.
8 Ich gehe schwimmen.
9 Italienisches.

a Woher kommst du?
b Was machst du am Samstag?
c Welcher Zug hält in Nürnberg?
d Welches Eis magst du am liebsten?
e Was hast du eingekauft?
f Welche Bücher liest du gern?
g Welcher Pulli ist deiner?
h Wessen Heft ist das?
i Wie heißt du?

1	2	3	4	5	6	7	8	9

2. **Stelle Satzfragen, zu denen die vorgegebene Antwort passt.**

Vergiss nicht das Fragezeichen am Ende des Satzes.

a) Nein, Schokolade mag ich nicht.

Magst du Schokolade?

b) Ja, mein Fahrrad ist kaputt.

c) Ja, das ist Lauras Stift.

d) Nein, wir fahren in den Ferien nicht nach Spanien.

e) Nein, ich habe heute Nachmittag keine Zeit.

3. **Ergänze die W-Fragen.**

a) ____________ ist denn hier los?

b) ____________ wart ihr denn die ganze Zeit?

c) ____________ hat das gesagt?

d) ____________ möchtest du? Tee oder Mineralwasser?

e) ____________ hat Oma Geburtstag?

f) ____________ hilfst du mir nicht?

35 Lokaladverbialien

Neben Subjekt (Satzgegenstand), Prädikat (Satzaussage) und Objekt (Ergänzung) können Sätze weitere Angaben enthalten, die zur Verdeutlichung des Satzinhaltes dienen. Das Lokaladverbiale (= Umstandsbestimmung des Ortes) ist ein solches Satzglied. Nach dem Lokaladverbiale in einem Satz fragst du mit
Wo? – Wohin? – Woher?.

Nach dem Lokaladverbiale fragen:

Tim sitzt neben Klaus. – **Wo** sitzt Tim? **Neben Klaus**.
Er hat den Schlüssel auf den Tisch gelegt. – **Wohin** hat er den Schlüssel gelegt? **Auf den Tisch**.

1. Suche in jedem Satz das Lokaladverbiale, indem du danach fragst. Das erste Beispiel zeigt dir, wie du es machen musst.

Frage mit Wo?, Woher? oder Wohin?.

a) Das Taxi wartet vor dem Haus.

Wo wartet das Taxi? – Vor dem Haus.

b) Der Zug kommt aus Hamburg.

c) Wir machen einen Spaziergang ins nächste Dorf.

d) Tim hat seine Tasche zu Hause vergessen.

e) Heute Nachmittag gehen wir ins Kino.

2. Bilde aus den angegebenen Wörtern Sätze im Präsens und im Perfekt. Zum Schluss markierst du alle Lokaladverbialien in Farbe.

Achte – je nach Zeitstufe – auf die richtige Wortstellung im Satz.

a) Klaus | hinter dem Baum | sich verstecken

Klaus versteckt sich hinter dem Baum.

Klaus hat sich hinter dem Baum versteckt.

b) Tim | aus dem Keller | das Fahrrad | holen

c) Laura | auf dem Herd | einen Topf | abstellen

d) Ich | vor der Schule | auf dich | warten

e) Mein Vater | in der Badewanne | die Zeitung | lesen

36 Temporaladverbialien

Neben Subjekt (Satzgegenstand), Prädikat (Satzaussage) und Objekt (Ergänzung) können Sätze weitere Angaben enthalten, die zur Verdeutlichung des Satzinhaltes dienen. Das Temporaladverbiale (= Umstandsbestimmung der Zeit) ist ein solches Satzglied. Nach dem Temporaladverbiale in einem Satz fragst du mit **Wann?** – **Wie oft?** – **Wie lange?**.

Nach dem Temporaladverbiale fragen:

Der Zug fährt um 7 Uhr ab. – **Wann** fährt der Zug ab? **Um 7 Uhr**.
Sie kommt uns häufig besuchen. – **Wie oft** kommt sie uns besuchen? **Häufig**.
Das Geschäft ist bis zum 30. August geschlossen. – **Wie lange** ist das Geschäft geschlossen? **Bis zum 30. August**.

1. Suche in jedem Satz das Temporaladverbiale, indem du danach fragst. Das erste Beispiel zeigt dir, wie du es machen musst.

Frage mit Wann?, Wie oft? oder Wie lange?.

a) Ruf mich bitte heute Abend an!

Ruf mich bitte wann an? – Heute Abend.

b) Tim fährt um 7 Uhr 30 mit dem Rad zur Schule.

c) Das habe ich noch nie gesehen.

d) Ich habe ihn immer wieder daran erinnert.

e) Ich habe meine Oma ewig nicht mehr gesehen.

2. Welche Teile passen zusammen? Verbinde sie mit einer Linie und schreibe die Sätze anschließend auf die Zeilen. Markiere zum Schluss alle Temporaladverbialien in Farbe.

Achtung: Ein Satz enthält zwei Temporaladverbialien.

In der nächsten Woche	bis Montag erledigen.
Seit der letzten Woche	bleiben wir bis Mittag im Bett.
Paul hat	fangen die Ferien an.
In den Ferien	am 1. April Geburtstag.
Das muss ich	liegt Laura mit Grippe im Bett.

____

____

____

____

____

3. Auf welche Frage (Wann? – Wie oft? – Wie lange?) antworten die Zeitangaben im Kasten? Schreibe sie zur richtigen Gruppe auf die Zeilen.

zwei Tage
in zehn Jahren
ab und zu
häufig
am Abend
den ganzen Abend

Wann? ______________________________

Wie oft? ______________________________

Wie lange? ______________________________

37 Satzglieder erkennen: Umstell- und Ersatzprobe

Um zu erkennen, welche Wörter im Satz ein Satzglied bilden, kannst du die Umstellprobe (= Verschiebeprobe) oder die Ersatzprobe machen.

- Alle Wörter, die sich nur zusammen umstellen lassen, bilden ein Satzglied.
- Bei der Ersatzprobe prüfst du, welche Wortgruppe sich durch ein einzelnes Wort ersetzen lässt. Auch diese Wortgruppe bildet dann ein Satzglied.

Umstellprobe:
Klaus besucht Tim und Laura heute Nachmittag.

Heute Nachmittag | besucht | Klaus | Tim und Laura.

Tim und Laura | besucht | Klaus | heute Nachmittag.

Ersatzprobe:

Klaus	besucht	Tim und Laura.
↓	↓	⏟
Er	besucht	sie.

1. Überlege dir, wie du die Satzglieder umstellen kannst.
Bestimme dann die Satzglieder.

a) Tim bringt Laura das Buch.

Wer oder was?: Tim. – Was macht Tim?: (er) bringt. –
Wem bringt Tim das Buch?: Laura. – Was bringt Tim Laura?:
das Buch.

b) Der Mechaniker repariert den Wagen.

___

___

___

c) Der Mechaniker repariert den Wagen in der nächsten Woche.

d) Der Zug kommt um 7 Uhr in Hamburg an.

2. **Überlege dir, welche Satzglieder du ersetzen kannst.
Schreibe die Lösungen auf die Zeilen.**

Achte dabei auf mögliche Umstellungen – wie in Beispiel a).

a) Tim bringt Laura das Buch.

Er bringt es ihr.

b) Der Mechaniker repariert den Wagen.

c) Das schöne Geschenk gehört Klaus.

d) Tim hat mir sein neues Fahrrad geliehen.

e) Der nette Nachbar schenkt uns die Äpfel.

38 Hauptsatz und Nebensatz

Was unterscheidet grundsätzlich einen Hauptsatz von einem Nebensatz? – Ein Hauptsatz ist immer ein vollständiger Satz.
Er enthält mindestens ein Subjekt (= Satzgegenstand) und ein Prädikat (= Satzaussage). Er kann allein stehen.
Ein Nebensatz kann nicht allein stehen; er ist von einem Hauptsatz abhängig und ergänzt ihn. Das konjugierte (= gebeugte) Verb steht im Nebensatz immer am Ende.

Hauptsatz	Nebensatz
Tim kann nicht kommen,	weil er keine Zeit hat.
Laura hört Musik,	während sie ihr Zimmer aufräumt.

Der Nebensatz kann auch vor dem Hauptsatz stehen:
Weil Tim keine Zeit hat, kann er nicht kommen.
Während Laura ihr Zimmer aufräumt, hört sie Musik.

1. Markiere die Hauptsätze in Farbe.

➤ Denk daran: Der Nebensatz kann auch vor dem Hauptsatz stehen.

a) Wir freuen uns, dass am Freitag die Ferien anfangen.

b) Warte bitte hier, bis ich zurück bin.

c) Ich weiß, dass das richtig ist.

d) Komm doch vorbei, falls du Lust hast.

e) Obwohl Tim Schnupfen hat, geht er in die Schule.

f) Dass du keine Zeit hast, konnte ich ja nicht wissen.

g) Sobald ich damit fertig bin, rufe ich ihn an.

2. Stelle die Sätze um und beginne jeweils mit dem Nebensatz.
Schreibe die Lösungen auf die Zeilen.

a) Ich schaue immer erst auf den Preis, bevor ich mir etwas kaufe.

Bevor ich mir etwas kaufe, schaue ich immer erst auf den Preis.

b) Er ging nach Hause, als die Schule zu Ende war.

c) Du musst die Hustentropfen nehmen, damit du schnell gesund wirst.

d) Er kann wieder Fußball spielen, sobald er gesund ist.

e) Ich hätte nicht gedacht, dass heute so viel Schnee fällt.

39 Kausale Nebensätze

Ein kausaler Nebensatz nennt den **Grund** oder die **Ursache** für etwas. Die wichtigsten Konjunktionen (= Bindewörter), mit denen ein solcher Nebensatz beginnt, sind **weil** und **da**.

Ich kann nicht kommen, **weil** ich keine Zeit habe.
Da es heute regnet, bleiben wir zu Hause.

1. Forme um: Bilde aus den zwei Hauptsätzen einen Hauptsatz mit Nebensatz. Verwende dabei die Konjunktion *weil*.

a) Wir bleiben zu Hause. Es regnet.

Wir bleiben zu Hause, weil es regnet.

b) Tim kann nicht kommen. Er muss seiner Mutter helfen.

c) Dieses Spiel kaufe ich nicht. Es ist zu teuer.

d) Laura ist müde. Sie hat letzte Nacht schlecht geschlafen.

e) Ich möchte Polizist werden. Das ist ein spannender Beruf.

2. Bilde aus den Wörtern Sätze mit *weil*. Beginne entweder mit dem Hauptsatz oder mit dem Nebensatz.

Vergiss nicht das Komma zwischen Haupt- und Nebensatz.

a) schlafen Tim geht müde ist weil er

b) weil Laura in sie gehen konnte die Schule nicht hatte Zahnschmerzen

c) zu gehen weil den hatte musste Klaus Bus er nach Fuß Hause verpasst

d) weil Geschäfte heute ist Feiertag sind geschlossen alle

40 Temporale Nebensätze

Ein temporaler Nebensatz nennt einen **Zeitpunkt** in der Vergangenheit, Gegenwart oder Zukunft. Die wichtigsten Konjunktionen (= Bindewörter), mit denen ein solcher Nebensatz beginnt, sind **als**, **wenn**, **während**, **bis**, **seit / seitdem**, **bevor**, **nachdem** und **sobald**.

Als wir am Bahnhof ankamen, war der Zug schon weg.
Wenn es heiß ist, gehen wir ins Schwimmbad.
Ich bringe den Müll raus, **während** du aufräumst.
Nachdem ich fertig war, holte ich mir ein Eis.

1. Was passt zusammen? Ordne zu und schreibe die Buchstaben in die Kästchen.

1	Warte hier auf mich,	a	regnet es jeden Tag.
2	Sobald ich damit fertig bin,	b	bevor die Ferien anfangen.
3	Seit wir Ferien haben,	c	hat er uns nicht einmal angerufen.
4	Komm uns doch besuchen,	d	haben wir viele Museen besucht.
5	Es sind noch zwei Wochen,	e	bis ich zurückkomme.
6	Seit er weg ist,	f	als wir nach Köln zogen.
7	Als wir in Paris waren,	g	gehst du bitte mit Bello spazieren.
8	Ich war fünf Jahre alt,	h	wenn du heute Zeit hast.
9	Während ich einkaufe,	i	helfe ich dir.

1	2	3	4	5	6	7	8	9

2. Ergänze *als*, *wenn* oder *wann*.

a) ich müde bin, gehe ich schlafen.

b) der Bus angehalten hatte, stiegen alle Reisenden aus.

c) Sag mir bitte rechtzeitig Bescheid, genau du hier ankommst.

d) Es war fast Mitternacht, wir nach langer Fahrt endlich am Ziel waren.

e) ich es eilig habe, fahre ich mit dem Rad zur Schule.

f) Weißt du, der Film anfängt? – Nein, keine Ahnung.

3. **Bilde Sätze im Präsens (= Gegenwart) und verwende dabei die angegebenen Konjunktionen.**

a) der Wecker klingelt am Morgen – ich stehe auf – wenn

Wenn am Morgen der Wecker klingelt, stehe ich auf.

b) der Unterricht ist vorbei – ich fahre nach Hause – sobald

c) das Mittagessen ist fertig – ich räume meine Sachen auf – bis

d) ich mache meine Schularbeiten – ich ruhe mich ein wenig aus – bevor

41 Nebensätze mit dass

Die Konjunktion (= Bindewort) **dass** leitet einen Nebensatz ein. Im Nebensatz steht das konjugierte (= gebeugte) Verb am Ende.
Nebensätze mit **dass** sollten immer **nach** dem Hauptsatz stehen.

Ich hoffe, **dass** du bald wieder gesund bist.
Es ist nett von dir, **dass** du ihm geholfen hast.

1. Bilde aus den Zeitungsmeldungen dass-Sätze im Präsens (= Gegenwart). Verwende vor dem dass-Satz immer den Hauptsatz „In der Zeitung steht …,“.

➤ Denk daran: Im dass-Satz steht das konjugierte Verb am Ende.

a) Der Zeuge sagt nicht die Wahrheit.

In der Zeitung steht, dass der Zeuge nicht die Wahrheit sagt.

b) Der neue Film kommt am Donnerstag in die Kinos.

c) Der Weihnachtsmarkt beginnt am ersten Advent.

d) Das Fußballspiel fängt um 14 Uhr 30 an.

2. Bilde aus den zwei Sätzen jeweils einen Hauptsatz plus Nebensatz mit *dass*. Das erste Beispiel zeigt dir, wie du es machen musst.

Der Hauptsatz steht immer vor dem dass-Satz (= Nebensatz).

a) Ich freue mich. Opa kommt am Wochenende.

Ich freue mich, dass Opa am Wochenende kommt.

b) Der Sturm war so heftig. Viele Bäume wurden beschädigt.

c) Sie hat mir geschrieben. Ihr Zug kommt um 19 Uhr an.

d) Tina ist traurig. Sie darf nicht mitfahren.

3. Forme die Satzteile nach dem Komma in dass-Sätze um.

a) Sag ihm, er soll sich beeilen!

b) Ich glaube, er ist weggegangen.

c) Glaubst du, die Mannschaft wird gewinnen?

d) Er weiß, er kann sich auf mich verlassen.

42 Relativsätze

Der Relativsatz ist eine Form des Nebensatzes. Am Beginn dieses Nebensatzes steht ein Relativpronomen (= bezügliches Fürwort; siehe Kapitel 11). Es bezieht sich auf das vorher im Hauptsatz genannte Nomen. Wenn das Verb (= Zeitwort / Tunwort) im Nebensatz mit einer Präposition (= Verhältniswort) verbunden ist, dann steht die Präposition vor dem Relativpronomen.

Das ist **der Freund**, **der** mich heute besucht.

Hauptsatz — Relativsatz

Relativpronomen

Das ist **der Freund**, **auf den** ich warte.

Präposition — Relativpronomen

1. Ergänze das Relativpronomen.

Achte darauf, das Relativpronomen im richtigen Fall zu ergänzen.

a) Das ist das Buch, ____________________ ich heute gekauft habe.

b) Der Film, ____________________ ich mir angeschaut habe, war langweilig.

c) Die Brille, ____________________ dort auf dem Tisch liegt, gehört Oma.

d) Wie heißt der Freund, ____________________ du die CD geliehen hast?

e) Das waren die schönsten Ferien, ____________________ wir jemals erlebt haben.

f) Die Nachbarn, ____________________ wir beim Umzug geholfen haben, laden uns morgen zu Kaffee und Kuchen ein.

g) Die Einbrecher, ____________________ Beute gering war, wurden noch am gleichen Tag verhaftet.

2. **Ergänze die richtige Präposition und das Relativpronomen.**

a) Der Fotoapparat, *mit dem* ______ ich die Bilder aufgenommen habe, gehört meinem Bruder.

b) Da ist ja endlich das Päckchen, ______ ich so lange gewartet habe!

c) Das war der heißeste Sommer, ______ ich mich erinnern kann.

d) Er redet ständig über Dinge, ______ er keine Ahnung hat.

e) Das Haus, ______ wir wohnen, steht rechts am Ende der Straße.

f) Den Witz, ______ alle gelacht haben, kannte ich schon.

3. **Bilde aus den zwei Sätzen jeweils einen Hauptsatz plus Relativsatz.**

Bei allen Sätzen musst du eine Präposition vor das Relativpronomen setzen.

a) Die Party findet nicht statt. Ich habe mich sehr auf die Party gefreut.

______

______

b) Wir klettern auf den Turm. Von der Spitze des Turms haben wir einen tollen Ausblick.

______

______

c) Tina hat eine Freundin. Mit der Freundin kann sie über alles reden.

______

______

43 Die Verneinung mit nicht und kein

Zur Verneinung (= Negation) von Sätzen oder Satzteilen brauchst du die Wörter **nicht** oder **kein**. Das Wort **kein** ist veränderbar; es wird wie ein Possessivpronomen (siehe Kapitel 8) gebeugt. Das Wort **nicht** ist immer unverändert. Wichtig ist auch, die Verneinung an der richtigen Stelle im Satz zu platzieren.

Ich habe sie gesehen.	Ich habe sie **nicht** gesehen.
Er weiß es.	Er weiß es **nicht**.
Sie mag Nudeln.	Sie mag **keine** Nudeln.
Sie lesen spannende Bücher.	Sie lesen **keine** spannende**n** Bücher.

1. Ergänze das Wort *nicht* an der richtigen Stelle.
Schreibe die Sätze auf die Zeilen.

a) Diese CD ist billig.

b) Opa und Oma fahren in Urlaub.

c) Wir haben das gewusst.

d) Das Fußballspiel war besonders spannend.

e) Sie sollte das machen.

f) Ich kann mich daran erinnern.

2. **Ergänze das Wort *kein* an der richtigen Stelle. Schreibe die Sätze auf die Zeilen.**

Denke daran, dass *kein* gebeugt (= dekliniert) wird.

a) Ich habe Zeit.

b) Tim hat Lust ins Kino zu gehen.

c) Das ist ein guter Kuchen.

d) Klaus trägt gestreifte Socken.

e) Tina mag frische Brötchen.

3. **Brauchst du *nicht* oder *kein*? Ergänze das passende Wort in der richtigen Form.**

a) Ich habe Ahnung.

b) Tina versteht Spanisch.

c) Tim spricht gut Englisch.

d) Wir haben viel Zeit.

e) Unsere Nachbarn suchen neue Wohnung, sondern ein Haus.

f) Warum hast du Hunger?

g) Wir fahren heute, sondern erst morgen los.

44 Sätze in unterschiedlichen Zeiten

Wenn du einen Satz in eine andere grammatische Zeit (= Tempus) setzen sollst, dann musst du vor allem das Verb (= Zeitwort / Tunwort) ändern, aber auch auf die Stellung der übrigen Wörter im Satz achten. In diesem Kapitel geht es um das Präsens (= Gegenwart; siehe auch die Kapitel 24 und 25), das Futur I (= Zukunft; siehe auch das Kapitel 29), das Präteritum (= 1. Vergangenheit; siehe auch das Kapitel 27) und das Perfekt (= 2. Vergangenheit; siehe auch das Kapitel 28).

Präsens:	Tim und Laura fahren mit dem Zug nach Köln.
Futur I:	Tim und Laura werden mit dem Zug nach Köln fahren.
Präteritum:	Tim und Laura fuhren mit dem Zug nach Köln.
Perfekt:	Tim und Laura sind mit dem Zug nach Köln gefahren.

1. Formuliere die folgenden Präsenssätze im Präteritum. Schreibe die Lösungen auf die Zeilen.

a) Das 1. Programm überträgt das Fußballspiel live im Fernsehen.

b) Der Dieb stiehlt Schmuck im Wert von 20000 Euro.

c) Die Firma gibt neue Aktien aus und verdoppelt ihren Gewinn.

2. **Formuliere die folgenden Präsenssätze im Perfekt. Schreibe die Lösungen auf die Zeilen.**

a) Welches Buch liest du?

b) Der Zug fährt ab.

c) Er geht zuerst ins Kino und danach holt er seine Schwester ab.

3. **Formuliere die folgenden Futur-Sätze im Perfekt. Schreibe die Lösungen auf die Zeilen.**

a) Tim wird sich beim Supermarkt um einen Ferienjob bewerben.

b) Zuerst werden wir essen gehen, danach werden wir ein Eis kaufen.

c) Wirst du deiner Schwester beim Aufräumen helfen?

d) Tina wird sich für die Party ein neues Kleid und Schuhe kaufen.

Test 1 – zu den Kapiteln 1 bis 11

1. Bilde sinnvolle, zusammengesetzte Nomen. Schreibe die Lösungen mit dem bestimmten Artikel auf die Zeilen.

a)	Wind	stift
b)	Keller	apparat
c)	Blei	rad
d)	Wand	eimer
e)	Müll	kalender
f)	Foto	treppe

/ 6

2. Bestimme die Formen der farbig gedruckten Nomen. Kreuze an.

a) Hast du meine Uhr gesehen?
- Nominativ Singular
- Dativ Singular
- Akkusativ Singular

b) Die Federn der Vögel sind schwarz.
- Genitiv Singular
- Genitiv Plural
- Dativ Plural

c) Er gibt der Lehrerin seine Zeichnung.
- Genitiv Singular
- Dativ Singular
- Akkusativ Singular

d) Deine Vorschläge sind gut.
- Nominativ Singular
- Nominativ Plural
- Genitiv Plural

/ 4

3. Bilde aus den Verben Nomen mit der Endung *nis*.

a) ergeben

b) erlauben

c) verzeichnen

d) begraben

/ 4

4. Bilde aus den Adjektiven Nomen mit der Endung *heit* oder *keit*. Schreibe die Lösungen auf die Zeilen.

dankbar frech sicher fähig dumm flüssig

____

____ / 6

5. **Ergänze die Sätze. Verwende dabei das richtige Possessivpronomen.**

a) Sind das Opas Handschuhe? – Ja, das sind ________ Handschuhe.

b) Mutter fragt: „Tim, hast du ________ Spielsachen schon aufgeräumt?"

c) Ich habe euch das Buch geschenkt. Jetzt ist es ________ Buch.

d) Gehört der Hund euch? – Ja, das ist ________ Hund. / 4

6. **Welches Pronomen gehört an die Stelle des farbigen Fragezeichens? Kreuze an.**

a) Weißt du, **?** Stift das ist?
- ☐ wem
- ☐ wessen

b) Wir freuen **?** schon sehr auf die Ferien.
- ☐ uns
- ☐ euch

c) Beeil **?**, sonst kommen wir zu spät!
- ☐ euch
- ☐ dich

d) **?** gehst du?
- ☐ woher
- ☐ wohin

e) Wie heißt das Mädchen, **?** dort sitzt?
- ☐ das
- ☐ die

/ 5

/ 29

Test 2 – zu den Kapiteln 12 bis 22

1. Steigerung von Adjektiven: Ergänze zu jeder Grundstufe den Komparativ (Höherstufe) und den Superlativ (Höchststufe). Schreibe die Lösungen auf die Zeilen.

a) arm

b) gut

c) schlecht

d) viel

e) hoch

/ 12 **f)** kurz

2. Leite aus jedem Nomen ein Adjektiv ab. Verwende als Adjektivendung entweder *ig*, *isch* oder *lich*. Schreibe die Lösungen auf die Zeilen.

der Tag

die Sonne

der Sturm

der Mensch

der Neid

das Fett

der Bart

der Bruder

/ 8

3. Welche Antwort ist richtig? Kreuze an.

a) Wohin gehst du?
- ☐ In die Schule.
- ☐ In der Schule.

b) Wo steht das Fahrrad?
- ☐ In den Keller.
- ☐ Im Keller.

c) Wohin legt sich die Katze?
- ☐ Auf der Decke.
- ☐ Auf die Decke.

d) Wann kommst du?
- ☐ An Abend.
- ☐ Am Abend.

e) Wann ist das passiert?
- ☐ Seit zwei Stunden.
- ☐ Vor zwei Stunden.

☐ / **5**

4. Ergänze die richtige Präposition.

a) Er interessiert sich ____________ die neuesten Computerspiele.

b) Sie hat am Telefon ____________ ihm gesprochen.

c) Wir haben uns nicht nur ____________ das Wetter unterhalten.

d) Ich komme gleich. Warte bitte ____________ mich.

e) Hast du viele Freunde ____________ deiner Party eingeladen?

☐ / **5**

5. Ersetze *denn* durch *weil*. Schreibe die Lösungen mit *weil* auf die Zeilen.

a) Ich gehe schlafen, denn ich bin müde.

b) Er bleibt zu Hause, denn es regnet.

c) Sie kauft nichts, denn sie hat kein Geld mehr.

☐ / **3**

=======

☐ / **33**

Test 3 – zu den Kapiteln 23 bis 33

1. Ergänze zu jedem Infinitiv (Grundform) die 2. Person Singular im Präsens (Gegenwart).

a) nehmen

b) halten

c) treffen

d) raten

e) laufen

f) machen

/ 6

2. Ergänze die fehlenden Stammformen der Verben.

Stammform 1	Stammform 2	Stammform 3
werfen		
	sang	
		geschoben
trinken		
	wusste	
		genommen
haben		
	war	
		geworden

/ 18

3. Wandle die Verbformen um: vom Perfekt ins Präteritum. Schreibe die Lösungen auf die Zeilen.

a) er hat gesprochen ______________________________

b) wir sind gegangen ______________________________

c) sie ist gewachsen ______________________________

d) sie sind gefahren ______________________________

e) du hast gelacht ______________________________

f) ich habe geholfen ______________________________ __ / 6

4. Ist der farbig gedruckte Satzteil ein Dativ- oder Akkusativobjekt? Kreuze an.

a) Klaus hat das Papier weggeworfen. Dativobjekt ☐ Akkusativobjekt ☐

b) Hast du ihm das Buch zurückgegeben? Dativobjekt ☐ Akkusativobjekt ☐

c) Sie hat ihrer Freundin eine CD geschenkt. Dativobjekt ☐ Akkusativobjekt ☐

d) Hast du das gesehen? Dativobjekt ☐ Akkusativobjekt ☐ __ / 4

5. Welches Adverb ist richtig? Markiere die richtige Lösung.

a) Er klettert den Berg hinaus / hinauf.

b) Der Zug wird demnächst / soeben im Bahnhof ankommen.

c) Der Fahrstuhl fährt abwärts / unten.

d) Das merkwürdige Geräusch kommt nach draußen / von draußen.

e) Die Ferien werden gerade / bald beginnen.

f) Ich bin noch nie / immer in Spanien gewesen. __ / 6

=======

__ / 40

Test 4 – zu den Kapiteln 34 bis 44

1. **Ist die Aussage richtig oder falsch? Kreuze an.**

		richtig	falsch
a)	Eine Satzfrage ist eine Frage, die man mit *Ja* oder *Nein* beantworten kann.	☐	☐
b)	Ein Lokaladverbiale ist eine Umstandsbestimmung der Zeit.	☐	☐
c)	Ein Nebensatz ist von einem Hauptsatz unabhängig.	☐	☐
d)	Eine andere Bezeichnung für Bindewort ist Konjugation.	☐	☐
e)	Der Relativsatz ist eine Form des Nebensatzes.	☐	☐

☐ / 5

2. **Ergänze in jedem Satz das Relativpronomen.**

a) Ich habe dem kleinen Mädchen, dort drüben steht, zugewunken.

b) Das sind die letzten Kisten, ich noch in den Keller tragen muss.

c) Der Verein, Trainer entlassen wurde, kämpft gegen den Abstieg in die 2. Liga.

d) Der Kriminalroman, ich mir aus Bücherei ausgeliehen habe, ist sehr spannend.

e) Das alte Haus, Türen und Fenster kaputt sind, wird in der nächsten Woche abgerissen.

f) Das sind die Nachbarn, wir beim Renovieren ihrer Wohnung geholfen haben.

g) Die Party, wir für Samstag geplant hatten, muss leider abgesagt werden.

☐ / 7

3. **Forme die Präsenssätze zuerst ins Präteritum und danach ins Perfekt um.**

a) Die Pflanze wächst sehr schnell.

b) Wir fahren in den Ferien nach Frankreich.

c) Er wirft den Stein in den Fluss.

/ 6

4. **Ergänze *nicht* oder *kein* in der passenden Form.**

a) Ich kann das überhaupt __________ verstehen.

b) Ich habe __________ Wort verstanden.

c) Er hat leider __________ Zeit.

d) Er hat leider __________ viel Zeit.

e) Sie wollen __________ arbeiten.

f) Klaus mag __________ Bohnen.

/ 6

5. **Ergänze *als, wenn* oder *wann*.**

a) __________ er endlich kam, schlief ich schon.

b) __________ kommt der Zug in Hamburg an?

c) __________ es laut ist, kann ich mich nicht konzentrieren.

d) __________ ich damit fertig bin, fahre ich los.

/ 4

=======

/ 28

Lösungen zu den Übungen

6/7

1 Das Genus der Nomen

1. der Schnee, die Tasse, das Haus, der Hund, die Uhr, das Ergebnis, der Name, die Frau, das Schloss

2. a) die Sicherheit
   b) das Zentrum
   c) der Montag
   d) der Regen
   e) die Eigenschaft
   f) die Werkstatt
   g) das Tischlein
   h) das Eigentum

3. die Gartenbank, das Telefonbuch, die Autowerkstatt, der Regenschirm, die Wasserflasche, die Haustür, der Apfelkuchen, der Busfahrer

8/9

2 Nomen im Singular und im Plural

1.

a)	das Mädchen	die Mädchen
b)	der Koffer	die Koffer
c)	der Zauberer	die Zauberer
d)	der Maler	die Maler
e)	das Theater	die Theater
f)	das Fenster	die Fenster
g)	der Füller	die Füller
h)	der Schlitten	die Schlitten

2. die Männer, die Bücher, die Röcke, die Tücher, die Brüder, die Töpfe, die Kräfte, die Mäuse

3.

a)	die Späße	der Spaß
b)	die Lehrerinnen	die Lehrerin
c)	die Museen	das Museum
d)	die Kartoffeln	die Kartoffel
e)	die Zeugnisse	das Zeugnis
f)	die Fotos	das Foto

4. a) Der Kleiderschrank hat zwei Türen.
   b) Auf dem Sofa liegen zwei Kissen.
   c) Auf dem Tisch steht ein Korb.
   d) In den Regalen sind viele Bücher.
   e) Das Bild ist mit zwei Nägeln an der Wand befestigt.

3 Zusammengesetzte Nomen 10/11

1. **a)** die Wasserflasche
der Briefumschlag
die Schifffahrt
die Fensterscheibe

b) der Bahnhof
das Zahnrad
die Autobahn
der Apfelbaum

2. **a)** das Sahnebrot
b) die Herbstschrift
c) der Dorfkoffer
d) die Winterlehrerin
e) das Buchschließtelefon
f) der Bäckereiwaschcomputer

3. die Vereinsmannschaft, die Zweizimmerwohnung, das Warndreieck, die Klavierspielerin, der Sechszylindermotor, das Siebengebirge, die Pappschachtel, das Zehnmeterbrett

4. das Rotkehlchen, das Blaulicht, die Grünanlage

4 Deklination der Nomen 12/13

1.

1. Fall	der Nominativ – wer oder was?
2. Fall	der Genitiv – wessen?
3. Fall	der Dativ – wem?
4. Fall	der Akkusativ – wen oder was?

2. **a)** Nominativ
b) Dativ
c) Akkusativ
d) Genitiv
e) Akkusativ
f) Genitiv
g) Akkusativ
h) Nominativ

3. **a)** Genitiv Singular
b) Akkusativ Plural
c) Dativ Plural
d) Akkusativ Singular

4. **a)** Räuber brachte gestohlenes Geld zurück
b) Schüler half verwirrter Rentnerin
c) Politiker stimmten neuem Vorschlag zu

5 Nomen bilden durch Endungen 14/15

1. **a)** die Sammlung
b) die Änderung
c) die Landung
d) die Lösung
e) die Trennung
f) die Wohnung
g) die Verletzung

14/15

2. das Geheimnis, das Erlebnis, das Ergebnis, die Kenntnis, die Finsternis, die Wildnis, das Verständnis

3. a) Die Fußballmannschaft hat die ersten drei Spiele gewonnen.
b) Freundlichkeit ist eine gute Eigenschaft.
c) Tja, tut mir leid, das war ein Irrtum.
d) Medizin ist eine Wissenschaft.
e) Das milde Klima ist gut für das Wachstum der Pflanzen.
f) Armut ist das Gegenteil von Reichtum.

4.

heit	keit
die Krankheit	die Fröhlichkeit
die Trockenheit	die Heiterkeit
die Freiheit	die Ähnlichkeit
die Dunkelheit	die Wirklichkeit
die Klugheit	die Möglichkeit

16/17

6 Personalpronomen

1. a) Was machst du heute Nachmittag? – Ich gehe ins Kino.
b) Wann kommt Tim denn endlich? – Du weißt ja, er kommt immer mit einer halben Stunde Verspätung.
c) Die Hose kaufe ich nicht. Sie ist mir zu teuer.
d) Kennst du das Buch? Es ist wirklich spannend!
e) Seid bitte etwas leiser! Ihr wisst doch, dass Oma schläft.

2. a) Kannst du mir bitte dein Lineal leihen?
b) Bei dieser Aufgabe kann ich dir leider nicht helfen.
c) Laura hat heute Geburtstag. Hast du ihr schon gratuliert?
d) Wie geht es euch? Seid ihr wieder gesund?
e) Das ist ein Geschenk für Tim und Laura. Das haben wir ihnen aus dem Urlaub mitgebracht.
f) Das Buch hat dir Klaus geliehen. Bring es ihm bitte morgen zurück.

3. a) Warten Sie! Ich komme gleich und helfe Ihnen.
b) Gib mir den Ball.
c) Er beobachtet mich.
d) Das ist sein neues Rad. – Ja, ich habe es schon gesehen.
e) Ich habe dich gestern im Kino gesehen.
f) Wo ist mein Stift? Ich finde ihn nicht.

4. Liebe Laura, **16/17**
wie geht es dir? Hat es dir / euch in Italien gefallen? Seit wann seid ihr zurück?
Mir / Uns geht es gut. Leider sind wir in den Ferien zu Hause geblieben.
Mein Vater hatte eine Grippe, aber jetzt geht es ihm schon besser.
Wann sehen wir uns wieder? Ruf mich / uns doch einfach mal an.
Bis bald
Klaus

7 Demonstrativpronomen **18/19**

1. **a)** diese Katze
b) dieser Vogel
c) dieses Eis
d) diese Hände

2. **a)** Dieses Auto hat fünf Türen, jenes dort drüben aber nur drei.
b) Diesen Roman habe ich schon gelesen, jenen noch nicht.
c) Viele waren einverstanden, aber dieser oder jener stimmte dagegen.
d) Diese Straße ist noch mit Schnee bedeckt, jene ist schon geräumt.

3. **a)** Kennst du die neue Freundin von Tim? – Nein, die kenne ich nicht.
b) Klaus hat mich ziemlich geärgert! Mit dem rede ich kein Wort mehr!
c) Setz dich bitte auf den Stuhl! – Auf den hier? Der ist aber ziemlich unbequem.
d) Magst du lieber Tee oder Limonade? – Das ist mir egal.
e) Es ist keine Schokolade mehr da. Die habe ich gestern gegessen.
f) Diesen Witz habe ich schon gekannt. Aber kennst du den?

8 Possessivpronomen **20/21**

1. **a)** Das ist meine CD.
b) Das ist unser Haus.
c) Es ist ihr Auto.
d) Ja, das ist seine Brille.

2. **a)** Mutter fragt Tim und Laura: „Habt ihr eure Schulsachen schon eingepackt?"
b) Tim antwortet: „Ja, ich habe alles, auch meine Hefte."
c) Mutter sagt: „Laura, vergiss bitte deine Sportsachen nicht."
d) Laura fragt ihre Mutter: „Hast du mein Ticket für den Zug irgendwo gesehen?"
e) Mutter antwortet: „Nein, aber schau doch mal in deiner Geldbörse nach."

20/21

3. Das sind unsere Nachbarn und ihr Hund.
Das sind Tina, Laura und ihre Eltern.
Das sind Sven und seine Brüder.
Das sind Gabi, Klaus und ihre Großeltern.

22/23

9 Interrogativpronomen

1. a) Das Telefon hat geklingelt. Wer war denn dran? – Papa.
b) Wen hast du zum Abendessen eingeladen? – Tim.
c) Weißt du, wem dieser Pullover gehört? – Nein, keine Ahnung.
d) Wessen Buch ist das? – Es gehört Laura.
e) Was suchst du? – Meinen Füller.
f) Was ist denn da passiert? – Ich habe die Milch verschüttet.
g) Wem hat Laura das Fahrrad geliehen? – Ich glaube, ihrer Freundin.

2. a) Ich weiß nicht, wer vorhin angerufen hat.
b) Sag mir bitte, was du möchtest.
c) Ich habe keine Ahnung, wessen Tasche das ist.
d) Papa hat mich gefragt, wen ich getroffen habe.

3.

1	2	3	4	5	6	7	8
g	h	a	e	d	b	c	f

4. a) Woher kommst du?
b) Wo wohnst du?
c) Was machst du heute Abend? / Wohin gehst du heute Abend?
d) Wem gehört das Fahrrad? / Wessen Fahrrad ist das?
e) Welcher Tag ist heute? / Was für ein Tag ist heute?

24/25

10 Reflexivpronomen

1.

Akkusativ	Dativ
ich freue mich	ich putze mir die Zähne
du freust dich	du putzt dir die Zähne
er / sie / es freut sich	er putzt sich die Zähne
wir freuen uns	wir putzen uns die Zähne
ihr freut euch	ihr putzt euch die Zähne
sie / Sie freuen sich	sie putzen sich die Zähne

24/25

2. a) Freust du dich schon auf die Sommerferien?
   b) Wasch dir vor dem Essen bitte die Hände!
   c) Nehmen Sie sich doch noch ein Stück Torte!
   d) Wir haben uns bei Oma für die Geschenke bedankt.
   e) Da habt ihr euch bestimmt geirrt!

3. a) Der Unfall ereignete sich gestern Abend gegen 20 Uhr.
   b) Beeilt euch, damit wir nicht zu spät kommen!
   c) Bevor wir zu Oma gehen, musst du dich umziehen.
   d) Erkundige dich bitte am Schalter, wie viel die Fahrkarte kostet!
   e) Am Ende dieser Übung kann ich mich ausruhen.

26/27

11 Relativpronomen

1. a) Wie heißt der Freund,
      der sich das Bein gebrochen hat?
      den du heute Nachmittag besuchst?
      dem du das Buch geliehen hast?

   b) Wie heißt das Mädchen,
      das dort drüben steht?
      dem du die E-Mail geschrieben hast?
      das du im Kino getroffen hast?

   c) Wie heißt die Lehrerin,
      die du in Deutsch hast?
      die du schon so lange kennst?
      der du im Supermarkt begegnet bist?

2. a) Die Pflanze, deren Blätter braun geworden sind, ist krank.
   b) Tim, dessen Fahrrad gestohlen wurde, fährt jetzt mit dem Bus zur Schule.
   c) Wie heißt das Mädchen, dessen Freundin in Köln wohnt?
   d) Unsere Nachbarn, denen wir beim Umzug geholfen haben, wollen uns am Samstag zum Abendessen einladen.
   e) Laura, deren Bein nach dem Skiunfall gebrochen war, kann schon wieder gut laufen.

3. a) Fußballschuhe sind Schuhe, die man zum Fußballspielen anzieht.
   b) Ein Lexikon ist ein Buch, in dem man unbekannte Wörter nachschlägt.
   c) Ein Bücherregal ist ein Möbelstück, in das man Bücher stellt.
   d) Eine Bohrmaschine ist ein Gerät, mit dem man Löcher bohrt.

28/29 12 Adjektive vor dem Nomen

1. a) das schnelle Auto
b) der süße Saft
c) die schwarze Katze
d) die spannenden Filme
e) ein schnelles Auto
f) ein süßer Saft
g) eine schwarze Katze
h) Ich mag spannende Filme.

2. a) Gib mir bitte das große Lineal!
b) Das war wirklich ein spannender Film.
c) Tim hat eine neue Freundin.
d) Sie trägt eine blaue Hose und einen roten Pullover.
e) Es schneit. Zieh lieber die dicken Stiefel an, nicht die dünnen Halbschuhe.
f) Sie wohnen seit dem letzten Monat in einem neuen Haus.
g) Die Fassade des neuen Hauses wurde gelb gestrichen.

3. a) Junges Ehepaar mit zwei kleinen Kindern sucht großes Haus in ruhiger Lage zur Miete.
b) Großes Zimmer in kleiner Wohngemeinschaft mit netten Leuten an freundliche Studentin zu vermieten.
c) Drei junge Kätzchen zu verschenken – nur an tierliebe Familien mit eigenem Haus und großem Garten.

4. a) Ich schenke ihm / ihr ein weißes T-Shirt.
b) Ich schenke ihm / ihr die neue CD von Robbie Robson.
c) Ich schenke ihm / ihr ein kleines Modellauto.
d) Ich schenke ihm / ihr einen gestreiften Pullover.
e) Ich schenke ihm / ihr einen kleinen, grünen Kaktus.

30/31 13 Adjektive nach dem Nomen

1. a) Das Fahrrad ist neu.
b) Der Räuber ist gefährlich.
c) Der Film ist langweilig.
d) Die Uhr ist teuer.
e) Die Torte ist lecker.
f) Die Nachbarin ist nett.

2. a) Die Schnecke ist langsam, der Hase ist schnell.
b) Limonade ist süß, Essig ist sauer.
c) Diese Uhr ist billig, die andere ist teuer.
d) Tims Haare sind kurz, Lauras Haare sind lang.
e) Die Straße ist trocken, das Gras ist nass.
f) Diese Flasche ist voll, die andere ist leer.
g) Die Hütte ist klein, die Burg ist groß.

3. Das Messer ist scharf. **30/31**
Die Suppe ist heiß.
Der Tisch ist rund.
Die Feder ist leicht.
Der Turm ist hoch.
Die Musik ist laut.
Das Wörterbuch ist dick.

14 Steigerung der Adjektive **32/33**

1.

a) schnell	schneller	am schnellsten
b) schwer	schwerer	am schwersten
c) einfach	einfacher	am einfachsten
d) schön	schöner	am schönsten

2.

a) groß	größer	am größten
b) hart	härter	am härtesten
c) alt	älter	am ältesten
d) dumm	dümmer	am dümmsten

3.
a) die höchsten Berge
b) die besten Torten
c) die meisten Filme

4.
a) Der Weg ist mir zu lang. Kennst du keinen kürzeren?
b) Der Mantel ist mir im Winter zu dünn. Ich ziehe lieber den dickeren an.
c) Die Äpfel sind zu sauer. Wenn wir wieder zum Markt gehen, nehmen wir süßere.
d) Die Stange ist zu kurz. Wir brauchen eine längere.
e) Die Kekse sind hart. Ich mag lieber weichere.

15 Adjektive bilden durch Endungen **34/35**

1.

ig	lich
durstig	freundlich
fleißig	schrecklich
geizig	ängstlich
eckig	glücklich
vorsichtig	beweglich

34/35

2. a) Italien / Rom – Die italienische Hauptstadt heißt Rom.
   b) Österreich / Wien – Die österreichische Hauptstadt heißt Wien.
   c) Frankreich / Paris – Die französische Hauptstadt heißt Paris.
   d) Spanien / Madrid – Die spanische Hauptstadt heißt Madrid.
   e) Belgien / Brüssel – Die belgische Hauptstadt heißt Brüssel.

3. a) Ich habe mir das Bein gebrochen. Das tut höllisch weh!
   b) Der Gewitterregen gestern Abend war äußerst heftig.
   c) Lass uns etwas essen. Ich bin hungrig.
   d) Diese Übung mache ich schriftlich.
   e) Diese Uhr war sicher nicht billig.
   f) Der Zirkusclown war sehr komisch.
   g) Tageszeitungen werden täglich gedruckt.

36/37

16 Adjektive bilden durch Ableitungen

1. jährlich, täglich, monatlich, stündlich, mündlich, ängstlich, tödlich, schrecklich, glücklich, amtlich, schriftlich, ärztlich

2. a) dreieckig
   b) modisch
   c) farbig
   d) fleißig
   e) automatisch
   f) himmlisch

3. bar: erkennbar, dankbar, bewohnbar, lesbar, fahrbar, reizbar
   lich: beweglich, verkäuflich, empfindlich, nachdenklich, verständlich, lächerlich

38/39

17 Lokale Präpositionen mit Dativ

1. a) Das Bild hängt an der Wand.
   b) Der Karton steht auf dem Schrank.
   c) Der Teppich liegt vor dem Sofa.
   d) Die Regale stehen neben dem Fenster.
   e) Die Pflanze steht hinter dem Sofa.
   f) Das Bild hängt über dem Sofa.

2. a) Das Lineal liegt auf dem Schreibtisch.
   b) Tim liegt im Bett.
   c) Der Schreibtisch steht am Fenster.
   d) Das Postamt ist neben dem Bahnhof.
   e) Opa sitzt vor dem Fernseher.
   f) Der Schlüssel steckt im Schloss.

3. 38/39

1	2	3	4	5	6
c	e	f	b	d	a

18 Lokale Präpositionen mit Akkusativ 40/41

1. a) Gehst du mit mir heute Abend ins Kino?
   b) Häng deinen Mantel bitte an die Garderobe!
   c) Laura springt kopfüber ins Schwimmbecken.
   d) Fährst du in den Ferien wieder ans Meer?
   e) Am Sonntag fahren wir zu Verwandten aufs Land.
   f) Er legt die Zeitung auf den Tisch.

2. a) Das Bild hängt an der Wand. – Ich hänge das Bild an die Wand.
   b) Das Bild hängt neben dem Fenster. – Ich hänge das Bild neben das Fenster.
   c) Das Bild hängt über der Kommode. – Ich hänge das Bild über die Kommode.
   d) Das Bild hängt im Wohnzimmer. – Ich hänge das Bild ins Wohnzimmer.

3. a) Ins Schwimmbad.
   b) Auf den Stuhl.
   c) Ins Regal.
   d) Auf den Baum.

4. a) in die Schweiz.
   b) nach Hause.
   c) nach England.
   d) in die Türkei.
   e) nach Berlin.
   f) in die Alpen.
   g) nach Paris.
   h) nach Rom.

19 Temporale Präpositionen 42/43

1. a) in zwei Wochen.
   b) an Weihnachten.
   c) am Nachmittag.
   d) in einer Stunde.
   e) am 15.8.
   f) am Freitag.
   g) in der Nacht.
   h) im Januar.

2. a) In den Ferien.
   b) Seit zwei Jahren.
   c) Am Freitag.
   d) Von 10 Uhr bis 11 Uhr.

42/43

3. a) Am Sonntag sind die Geschäfte geschlossen.
   b) Laura geht um 15 Uhr zu ihrer Freundin.
   c) Tim geht am Nachmittag mit seinem Freund ins Kino.
   d) Im Winter ist es häufig kalt.
   e) Wir haben vom 16.12. bis 3.1. Urlaub.
   f) Wir haben ab morgen Ferien.
   g) Opa ist seit letztem Montag / seit dem letzten Montag im Krankenhaus.

44/45

20 Verben mit Präpositionen

1. a) Ich komme gleich. Warte bitte auf mich!
   b) Tim ärgert sich über seinen Freund.
   c) Laura interessiert sich sehr für Mode.
   d) Frau Meier bittet ihre Nachbarin um Hilfe.
   e) Wir laden euch herzlich zu unserer Party am Samstag ein.
   f) Warum sprichst du nicht mehr mit mir? Bist du sauer?
   g) Klaus schickt eine SMS an seine Freundin Tina.

2. a) sich für einen Fehler entschuldigen
   b) eine E-Mail an den Freund schreiben
   c) am Telefon mit jemandem sprechen

3. a) Worüber habt ihr euch so lange unterhalten? – Über die Matheprüfung.
   b) Worauf freust du dich am meisten? – Auf die Ferien, die am nächsten Montag anfangen.
   c) Wonach riecht es hier? – Nach frisch gebackenem Kuchen.
   d) Woraus werden eigentlich Pullover gemacht? – Aus Wolle.
   e) Wovon hast du letzte Nacht geträumt? – Von einer Supernote in Deutsch.
   f) Woran hast du im Winter teilgenommen? – An einem Skikurs.
   g) Womit fangen sie jetzt an? – Mit dem Mittagessen.

46/47

21 Nebenordnende Konjunktionen

1. a) Tim mag sowohl Pizza als auch Spaghetti.
   b) Während der Ferien fuhren wir sowohl durch die Schweiz als auch durch Italien.
   c) Ich habe ihm sowohl eine SMS als auch eine E-Mail geschickt.
   d) Laura ist krank. Sie hat sowohl Husten als auch Schnupfen.
   e) Sowohl Klaus als auch Tim kommen mich heute Nachmittag besuchen.

2. a) Es ist schon spät, deshalb müssen wir uns beeilen. **46/47**
b) Sie hat zwar eine gute Note in Deutsch, aber eine Fünf in Mathe.
c) Laura hat weder Zeit noch Lust, um morgen mit mir ins Kino zu gehen.
d) Mein Vater ist kein Arzt, sondern Krankenpfleger.
e) Ich nehme den Bus oder mein Fahrrad, um jeden Morgen in die Schule zu fahren.
f) Tim kann nicht mit uns Fußball spielen, denn er muss erst noch seine Schularbeiten machen.

3. a) Fährt der Zug direkt nach Köln oder müssen wir umsteigen?
b) Wir gehen heute nicht spazieren, denn der Wetterbericht sagt Regen voraus.
c) Der Wetterbericht sagte nicht Regen, sondern Schnee voraus.
d) Es wird regnen, deshalb bleiben wir zu Hause.
e) Sie mag weder Tee noch Kaffee. / Sie mag sowohl Tee als auch Kaffee.

22 Unterordnende Konjunktionen **48/49**

1.

1	2	3	4	5	6
b	e	a	f	c	d

2. a) Als wir am Bahnhof ankamen, war der Zug schon weg.
b) Wenn es regnet, bleiben wir hier.
c) Wenn du willst, gehen wir heute Nachmittag ins Kino.
d) Als die Party vorbei war, gingen Tim und Laura nach Hause.

3. a) Ich kann nicht kommen, weil ich keine Zeit habe.
b) Wir blieben im Schatten, weil es in der Sonne zu heiß war.
c) Tim musste lange warten, weil er den Zug verpasst hatte.
d) Der Einbrecher konnte fliehen, weil niemand ihn bemerkt hatte.
e) Laura freut sich sehr, weil sie eine Eins in der Deutschprüfung hat.

23 Die Verben sein, haben und werden **50/51**

1.

ich	bin	habe	werde
du	bist	hast	wirst
er / sie / es	ist	hat	wird
wir	sind	haben	werden
ihr	seid	habt	werdet
sie	sind	haben	werden

50/51

2. a) ich werde – ich wurde
b) du bist – du warst
c) sie hat – sie hatte
d) wir sind – wir waren
e) ihr werdet – ihr wurdet
f) sie haben – sie hatten

3. a) Der Zug ist heute Morgen um 7 Uhr 10 angekommen.
b) Der Zug wird am Samstag um 17 Uhr abfahren.
c) Tim wird zu meiner Geburtstagsparty kommen.
d) Ich habe Tim zu meiner Geburtstagsparty eingeladen.
e) Laura ist gestern mit ihrer Freundin ins Kino gegangen.
f) Opa und Oma werden an Weihnachten zu uns kommen.

52/53

24 Regelmäßige Verben im Präsens

1. *Der Wortstamm ist hier jeweils farbig gedruckt:*
a) fragen
b) spielst
c) sagt
d) machst
e) spaziere
f) warten

2. a) warten – er wartet
b) flüchten – du flüchtest
c) leiden – ihr leidet
d) schaden – es schadet

3. ich lächle, ich schüttle, ich sammle, ich verhandle, ich zweifle, ich wickle, ich verdopple, ich murmle

4. a) Ich schüttle die Äpfel vom Baum herunter.
b) Arbeitet dein Vater schon lange bei dieser Firma?
c) Ihr wartet hier bitte auf mich.
d) Was machst du denn da?
e) Zu viel Kaffee schadet der Gesundheit.
f) Beantwortest du bitte meine Fragen?

54/55

25 Unregelmäßige Verben im Präsens

1. a) geben – er gibt
b) nehmen – sie nimmt
c) vergessen – du vergisst
d) helfen – sie hilft
e) sprechen – du sprichst
f) sterben – er stirbt
g) essen – sie isst
h) treffen – du triffst

2. **a)** Wann fährst du nach Hamburg? **54/55**
b) Was hältst du von dieser Idee?
c) Welche Bücher liest du gern?
d) Sprichst du Englisch?
e) Verrätst du mir das Geheimnis?

3. **a)** werfen
b) lassen
c) helfen
d) empfehlen
e) laden
f) laufen
Lösungswort: nehmen

26 Stammformen der Verben 56/57

1. **a)** reisen — reiste, gereist
b) rechnen — rechnete, gerechnet
c) lieben — liebte, geliebt
d) zielen — zielte, gezielt
e) zählen — zählte, gezählt
f) machen — machte, gemacht
g) glauben — glaubte, geglaubt

2.

stehlen	stahl	gestohlen
werfen	warf	geworfen
wissen	wusste	gewusst
schieben	schob	geschoben
lassen	ließ	gelassen
schwimmen	schwamm	geschwommen
nehmen	nahm	genommen
fließen	floss	geflossen
gehen	ging	gegangen
brechen	brach	gebrochen
trinken	trank	getrunken
singen	sang	gesungen

27 Verben im Präteritum 58/59

1. **a)** Er reiste im Urlaub nach Italien.
b) Ich wartete vor dem Kino auf ihn.
c) Wir beantworteten alle übrigen Fragen.
d) Sie lächelte mir zu.
e) Er sagte immer die Wahrheit.
f) Sie redeten sehr lang über diese Sache.

58/59

2. a) Ich konnte nicht kommen, weil ich krank war.
   b) Der Einbrecher stahl Schmuck im Wert von 5000 Euro.
   c) In der Küche roch es nach frischem Kuchen.
   d) Die beiden Autos stießen an der Kreuzung zusammen.
   e) Der Sportler lief so schnell wie er konnte.
   f) Wie kam er nach Hause? Ging er zu Fuß oder nahm er den Bus?

3. er rechnete, er machte, er half, er empfahl, er ließ, er zählte, er glaubte, er fror

60/61

28 Verben im Perfekt

1. a) ich nahm — ich habe genommen
   b) du gingst — du bist gegangen
   c) sie sagte — sie hat gesagt
   d) wir halfen — wir haben geholfen
   e) es regnete — es hat geregnet
   f) ich fuhr — ich bin gefahren
   g) sie wuchs — sie ist gewachsen

2. a) Hast du den Mülleimer geleert?
   b) Bist du mit dem Hund spazieren gegangen?
   c) Hast du das Kellerlicht ausgeschaltet?
   d) Bist du mit dem Rad zur Schule gefahren?
   e) Hast du die Teller aufgeräumt?
   f) Bist du lange im Bett geblieben?

62/63

29 Verben im Futur I

1. a) er geht — er wird gehen
   b) es schneit — es wird schneien
   c) wir ändern — wir werden ändern
   d) sie fahren — sie werden fahren
   e) ich mache — ich werde machen
   f) ihr nehmt — ihr werdet nehmen

2. a) Ich werde mit meiner Freundin ins Kino gehen.
   b) Wir werden in den Ferien nach Kanada fliegen.
   c) Die Polizei wird den Einbrecher jagen.
   d) Er wird sich bei Opa und Oma bedanken.
   e) Herr Weiß wird bald in seine neue Wohnung ziehen.
   f) Tim wird früh schlafen gehen.
   g) Ich werde Brot und Zucker vom Supermarkt mitbringen.

30 Verben bilden durch Vorsilben 64/65

1. a) erziehen, umziehen, ausziehen
   b) aufnehmen, abnehmen, mitnehmen

2.

trennbare Vorsilbe	untrennbare Vorsilbe
ich ordne zu	ich entscheide
ich stehe auf	ich versuche
ich drehe um	ich erlaube
ich rufe an	ich bestelle
ich schließe ab	ich zerlege

3. a) Wann fährt der Zug ab?
   b) Wer leert den Mülleimer aus?
   c) Warum denkst du nicht nach?
   d) Was kauft / kaufen sie im Supermarkt ein?

31 Lokale Adverbien 66/67

1.

Wo?	Woher?	Wohin?
unten	von rechts	nach rechts
hier	von vorn	abwärts
dort	von draußen	hinauf
überall	von unten	hinaus

2. a) hinein – hinaus
   b) unten – oben
   c) hinten – vorn
   d) überall – nirgends
   e) hinauf – hinunter / hinab
   f) abwärts – aufwärts
   g) vorwärts – rückwärts

3. a) Bring bitte dein Fahrrad nach unten in den Keller!
   b) Tim muss aufräumen. Seine Sachen liegen überall auf dem Boden.
   c) Die Sonne scheint. Wir gehen zum Spielen nach draußen.
   d) Hast du meine Brille irgendwo liegen sehen?
   e) Komm doch herein! Die Tür ist offen.

32 Temporale Adverbien 68/69

1. nie – fast nie – selten – manchmal – oft – meistens – fast immer – immer

2. a) Mein Opa sagt immer: „Früher war alles besser."
   b) Warte bitte auf mich. Ich komme ein bisschen später.
   c) Wir waren noch nie in Spanien.
   d) Heute ist der letzte Ferientag.
   e) Weißt du, wen ich vorhin beim Einkaufen getroffen habe?

68/69

3.

Vergangenheit	Gegenwart	Zukunft
gestern	heute	morgen
früher	jetzt	bald
damals	nun	übermorgen
vorhin	gerade	demnächst

70/71

33 Dativ- und Akkusativobjekte

1. **a)** Laura schreibt eine E-Mail.
Wen oder was? – eine E-Mail = Akkusativobjekt
b) Ich kaufe ein Eis.
Wen oder was? – ein Eis = Akkusativobjekt
c) Tim hilft seinem Bruder.
Wem? – seinem Bruder = Dativobjekt
d) Du hörst mir zu.
Wem? – mir = Dativobjekt
e) Ich glaube ihm.
Wem? – ihm = Dativobjekt
f) Klaus bestellt ein Stück Kuchen.
Wen oder was? – ein Stück Kuchen = Akkusativobjekt

2. *Das Dativobjekt ist hier unterstrichen, das Akkusativobjekt farbig gedruckt.*
a) Tim schickt <u>Klaus</u> eine SMS.
b) Laura erzählt <u>ihrer Freundin</u> eine Geschichte.
c) Ich habe <u>ihm</u> ein Buch geliehen.
d) Er hat <u>mir</u> einen Kugelschreiber geschenkt.

3. **a)** Den Schlüssel = Akkusativobjekt
b) dir = Dativobjekt
c) es = Akkusativobjekt
d) mir = Dativobjekt
e) den Bleistift = Akkusativobjekt
f) Klaus = Dativobjekt

72/73

34 Der Fragesatz

1.

1	2	3	4	5	6	7	8	9
c	f	g	e	i	h	a	b	d

2. a) Magst du Schokolade? **72/73**
b) Ist dein Fahrrad kaputt?
c) Ist das Lauras Stift? / Gehört der Stift Laura?
d) Fahrt ihr in den Ferien nach Spanien?
e) Hast du heute Nachmittag Zeit?

3. a) Was ist denn hier los?
b) Wo wart ihr denn die ganze Zeit?
c) Wer hat das gesagt?
d) Was möchtest du? Tee oder Mineralwasser?
e) Wann hat Oma Geburtstag?
f) Warum hilfst du mir nicht?

35 Lokaladverbialien **74/75**

1. *Die Lokaladverbialien sind hier farbig gedruckt.*
a) Das Taxi wartet vor dem Haus.
Wo wartet das Taxi? – Vor dem Haus.
b) Der Zug kommt aus Hamburg.
Woher kommt der Zug? – Aus Hamburg.
c) Wir machen einen Spaziergang ins nächste Dorf.
Wohin machen wir einen Spaziergang? – Ins nächste Dorf.
d) Tim hat seine Tasche zu Hause vergessen.
Wo hat Tim seine Tasche vergessen? – Zu Hause.
e) Heute Nachmittag gehen wir ins Kino.
Wohin gehen wir heute Nachmittag? – Ins Kino.

2. *Die Lokaladverbialien sind hier farbig gedruckt.*
a) Klaus versteckt sich hinter dem Baum.
Klaus hat sich hinter dem Baum versteckt.
b) Tim holt das Fahrrad aus dem Keller.
Tim hat das Fahrrad aus dem Keller geholt.
c) Laura stellt einen Topf auf dem Herd ab.
Laura hat einen Topf auf dem Herd abgestellt.
d) Ich warte vor der Schule auf dich.
Ich habe vor der Schule auf dich gewartet.
e) Mein Vater liest die Zeitung in der Badewanne.
Mein Vater hat die Zeitung in der Badewanne gelesen.

76/77 36 Temporaladverbialien

1. *Die Temporaladverbialien sind hier farbig gedruckt.*
   a) Ruf mich bitte heute Abend an!
   Ruf mich bitte wann an? – Heute Abend.
   b) Tim fährt um 7 Uhr 30 mit dem Rad zur Schule.
   Wann fährt Tim mit dem Rad zur Schule? – Um 7 Uhr 30.
   c) Das habe ich noch nie gesehen.
   Wie oft habe ich das gesehen? – Noch nie.
   d) Ich habe ihn immer wieder daran erinnert.
   Wie oft habe ich ihn daran erinnert? – Immer wieder.
   e) Ich habe meine Oma ewig nicht mehr gesehen.
   Wie lange habe ich meine Oma nicht mehr gesehen? – Ewig.

2. *Die Temporaladverbialien sind hier farbig gedruckt.*
   In der nächsten Woche fangen die Ferien an.
   Seit der letzten Woche liegt Laura mit Grippe im Bett.
   Paul hat am 1. April Geburtstag.
   In den Ferien bleiben wir bis Mittag im Bett.
   Das muss ich bis Montag erledigen.

3. **Wann?:** am Abend, in zehn Jahren
   Wie oft?: häufig, ab und zu
   Wie lange?: den ganzen Abend, zwei Tage

78/79 37 Satzglieder erkennen: Umstell- und Ersatzprobe

1. **a)** Tim bringt Laura das Buch.
   Wer oder was?: Tim. – Was macht Tim?: (er) bringt – Wem bringt Tim das Buch?: Laura. – Was bringt Tim Laura?: das Buch.
   b) Der Mechaniker repariert den Wagen.
   Wer oder was?: der Mechaniker. – Was macht der Mechaniker?: (er) repariert. – Wen oder was repariert der Mechaniker?: den Wagen.
   c) Der Mechaniker repariert den Wagen in der nächsten Woche.
   Wer oder was?: der Mechaniker. – Was macht der Mechaniker?: (er) repariert. – Wen oder was repariert der Mechaniker?: den Wagen.
   Wann repariert der Mechaniker den Wagen?: in der nächsten Woche.
   d) Der Zug kommt um 7 Uhr in Hamburg an.
   Wer oder was?: der Zug. – Was macht der Zug?: (er) kommt … an. – Wann kommt der Zug an?: um 7 Uhr. – Wo kommt der Zug an?: in Hamburg.

2. **a)** Er bringt es ihr. 78/79
b) Er repariert ihn.
c) Es gehört ihm.
d) Er hat es mir geliehen.
e) Er schenkt sie uns.

38 Hauptsatz und Nebensatz 80/81

1. *Die Haupsätze sind hier farbig gedruckt.*
a) Wir freuen uns, dass am Freitag die Ferien anfangen.
b) Warte bitte hier, bis ich zurück bin.
c) Ich weiß, dass das richtig ist.
d) Komm doch vorbei, falls du Lust hast.
e) Obwohl Tim Schnupfen hat, geht er in die Schule.
f) Dass du keine Zeit hast, konnte ich ja nicht wissen.
g) Sobald ich damit fertig bin, rufe ich ihn an.

2. **a)** Bevor ich mir etwas kaufe, schaue ich immer erst auf den Preis.
b) Als die Schule zu Ende war, ging er nach Hause.
c) Damit du schnell gesund wirst, musst du die Hustentropfen nehmen.
d) Sobald er gesund ist, kann er wieder Fußball spielen.
e) Dass heute so viel Schnee fällt, hätte ich nicht gedacht.

39 Kausale Nebensätze 82/83

1. **a)** Wir bleiben zu Hause, weil es regnet.
b) Tim kann nicht kommen, weil er seiner Mutter helfen muss.
c) Dieses Spiel kaufe ich nicht, weil es zu teuer ist.
d) Laura ist müde, weil sie letzte Nacht schlecht geschlafen hat.
e) Ich möchte Polizist werden, weil das ein spannender Beruf ist.

2. **a)** Tim geht schlafen, weil er müde ist. / Weil Tim müde ist, geht er schlafen.
b) Laura konnte nicht in die Schule gehen, weil sie Zahnschmerzen hatte. / Weil Laura Zahnschmerzen hatte, konnte sie nicht in die Schule gehen.
c) Klaus musste zu Fuß nach Hause gehen, weil er den Bus verpasst hatte. / Weil Klaus den Bus verpasst hatte, musste er zu Fuß nach Hause gehen.
d) Alle Geschäfte sind geschlossen, weil heute Feiertag ist. / Weil heute Feiertag ist, sind alle Geschäfte geschlossen.

84/85

40 Temporale Nebensätze

1.

1	2	3	4	5	6	7	8	9
e	i	a	h	b	c	d	f	g

2. a) Wenn ich müde bin, gehe ich schlafen.
   b) Als der Bus angehalten hatte, stiegen alle Reisenden aus.
   c) Sag mir bitte rechtzeitig Bescheid, wann genau du hier ankommst.
   d) Es war fast Mitternacht, als wir nach langer Fahrt endlich am Ziel waren.
   e) Wenn ich es eilig habe, fahre ich mit dem Rad zur Schule.
   f) Weißt du, wann der Film anfängt? – Nein, keine Ahnung.

3. a) Wenn am Morgen der Wecker klingelt, stehe ich auf.
   b) Sobald der Unterricht vorbei ist, fahre ich nach Hause.
   c) Bis das Mittagessen fertig ist, räume ich meine Sachen auf.
   d) Bevor ich meine Schularbeiten mache, ruhe ich mich ein wenig aus.

86/87

41 Nebensätze mit dass

1. a) In der Zeitung steht, dass der Zeuge nicht die Wahrheit sagt.
   b) In der Zeitung steht, dass der neue Film am Donnerstag in die Kinos kommt.
   c) In der Zeitung steht, dass der Weihnachtsmarkt am ersten Advent beginnt.
   d) In der Zeitung steht, dass das Fußballspiel um 14 Uhr 30 anfängt.

2. a) Ich freue mich, dass Opa am Wochenende kommt.
   b) Der Sturm war so heftig, dass viele Bäume beschädigt wurden.
   c) Sie hat mir geschrieben, dass ihr Zug um 19 Uhr ankommt.
   d) Tina ist traurig, dass sie nicht mitfahren darf.

3. a) Sag ihm, dass er sich beeilen soll!
   b) Ich glaube, dass er weggegangen ist.
   c) Glaubst du, dass die Mannschaft gewinnen wird?
   d) Er weiß, dass er sich auf mich verlassen kann.

42 Relativsätze 88/89

1. a) Das ist das Buch, das ich heute gekauft habe.
   b) Der Film, den ich mir angeschaut habe, war langweilig.
   c) Die Brille, die dort auf dem Tisch liegt, gehört Oma.
   d) Wie heißt der Freund, dem du die CD geliehen hast?
   e) Das waren die schönsten Ferien, die wir jemals erlebt haben.
   f) Die Nachbarn, denen wir beim Umzug geholfen haben, laden uns morgen zu Kaffee und Kuchen ein.
   g) Die Einbrecher, deren Beute gering war, wurden noch am gleichen Tag verhaftet.

2. a) Der Fotoapparat, mit dem ich die Bilder aufgenommen habe, gehört meinem Bruder.
   b) Da ist ja endlich das Päckchen, auf das ich so lange gewartet habe!
   c) Das war der heißeste Sommer, an den ich mich erinnern kann.
   d) Er redet ständig über Dinge, von denen er keine Ahnung hat.
   e) Das Haus, in dem wir wohnen, steht rechts am Ende der Straße.
   f) Den Witz, über den alle gelacht haben, kannte ich schon.

3. a) Die Party, auf die ich mich sehr gefreut habe, findet nicht statt.
   b) Wir klettern auf den Turm, von dessen Spitze wir einen tollen Ausblick haben.
   c) Tina hat eine Freundin, mit der sie über alles reden kann.

43 Die Verneinung mit nicht und kein 90/91

1. a) Diese CD ist nicht billig.
   b) Opa und Oma fahren nicht in Urlaub.
   c) Wir haben das nicht gewusst.
   d) Das Fußballspiel war nicht besonders spannend.
   e) Sie sollte das nicht machen.
   f) Ich kann mich nicht daran erinnern.

2. a) Ich habe keine Zeit.
   b) Tim hat keine Lust ins Kino zu gehen.
   c) Das ist kein guter Kuchen.
   d) Klaus trägt keine gestreiften Socken.
   e) Tina mag keine frischen Brötchen.

90/91

3.
a) Ich habe keine Ahnung.
b) Tina versteht kein Spanisch.
c) Tim spricht nicht gut Englisch.
d) Wir haben nicht viel Zeit.
e) Unsere Nachbarn suchen keine neue Wohnung, sondern ein Haus.
f) Warum hast du keinen Hunger?
g) Wir fahren nicht heute, sondern erst morgen los.

92/93

44 Sätze in unterschiedlichen Zeiten

1.
a) Das 1. Programm übertrug das Fußballspiel live im Fernsehen.
b) Der Dieb stahl Schmuck im Wert von 20000 Euro.
c) Die Firma gab neue Aktien aus und verdoppelte ihren Gewinn.

2.
a) Welches Buch hast du gelesen?
b) Der Zug ist abgefahren.
c) Er ist zuerst ins Kino gegangen und danach hat er seine Schwester abgeholt.

3.
a) Tim hat sich beim Supermarkt um einen Ferienjob beworben.
b) Zuerst sind wir essen gegangen, danach haben wir ein Eis gekauft.
c) Hast du deiner Schwester beim Aufräumen geholfen?
d) Tina hat sich für die Party ein neues Kleid und Schuhe gekauft.

Lösungen zu den Tests

Test 1 – zu den Kapiteln 1 bis 11

94/95

1. a) das Windrad
   b) die Kellertreppe
   c) der Bleistift
   d) der Wandkalender
   e) der Mülleimer
   f) der Fotoapparat

2. *Diese Lösungen sind richtig:*
   a) Akkusativ Singular
   b) Genitiv Plural
   c) Dativ Singular
   d) Nominativ Plural

3. a) das Ergebnis
   b) die Erlaubnis
   c) das Verzeichnis
   d) das Begräbnis

4. Dummheit, Sicherheit, Flüssigkeit, Dankbarkeit, Frechheit, Fähigkeit

5. a) Sind das Opas Handschuhe? – Ja, das sind seine Handschuhe.
   b) Mutter fragt: „Tim, hast du deine Spielsachen schon aufgeräumt?"
   c) Ich habe euch das Buch geschenkt. Jetzt ist es euer Buch.
   d) Gehört der Hund euch? – Ja, das ist unser Hund.

6. *Diese Lösungen sind richtig:*
   a) Weißt du, wessen Stift das ist?
   b) Wir freuen uns schon sehr auf die Ferien.
   c) Beeil dich, sonst kommen wir zu spät!
   d) Wohin gehst du?
   e) Wie heißt das Mädchen, das dort sitzt?

Punktzahl:	29 – 26	25 – 22	21 – 18	17 – 14	13 – 10	9 – 0
Note:	1	2	3	4	5	6

96/97 Test 2 – zu den Kapiteln 12 bis 22

1. a) arm – ärmer – am ärmsten
   b) gut – besser – am besten
   c) schlecht – schlechter – am schlechtesten
   d) viel – mehr – am meisten
   e) hoch – höher – am höchsten
   f) kurz – kürzer – am kürzesten

2. täglich, sonnig, stürmisch, menschlich, neidisch, fettig, bärtig, brüderlich

3. *Diese Lösungen sind richtig:*
   a) In die Schule.
   b) Im Keller.
   c) Auf die Decke.
   d) Am Abend.
   e) Vor zwei Stunden.

4. a) Er interessiert sich für die neuesten Computerspiele.
   b) Sie hat am Telefon mit ihm gesprochen.
   c) Wir haben uns nicht nur über das Wetter unterhalten.
   d) Ich komme gleich. Warte bitte auf mich.
   e) Hast du viele Freunde zu deiner Party eingeladen?

5. a) Ich gehe schlafen, weil ich müde bin.
   b) Er bleibt zu Hause, weil es regnet.
   c) Sie kauft nichts, weil sie kein Geld mehr hat.

Punktzahl:	33 – 30	29 – 26	25 – 22	21 – 18	17 – 14	13 – 0
Note:	1	2	3	4	5	6

Test 3 – zu den Kapiteln 23 bis 33

1. a) du nimmst
   b) du hältst
   c) du triffst
   d) du rätst
   e) du läufst
   f) du machst

2.

werfen	warf	geworfen
singen	sang	gesungen
schieben	schob	geschoben
trinken	trank	getrunken
wissen	wusste	gewusst
nehmen	nahm	genommen
haben	hatte	gehabt
sein	war	gewesen
werden	wurde	geworden

3. a) er sprach
   b) wir gingen
   c) sie wuchs
   d) sie fuhren
   e) du lachtest
   f) ich half

4. *Diese Lösungen sind richtig:*
   a) Akkusativobjekt
   b) Dativobjekt
   c) Dativobjekt
   d) Akkusativobjekt

5. *Diese Lösungen sind richtig:*
   a) Er klettert den Berg hinauf.
   b) Der Zug wird demnächst im Bahnhof ankommen.
   c) Der Fahrstuhl fährt abwärts.
   d) Das merkwürdige Geräusch kommt von draußen.
   e) Die Ferien werden bald beginnen.
   f) Ich bin noch nie in Spanien gewesen.

Punktzahl:	40 – 36	35 – 31	30 – 26	25 – 21	20 – 16	15 – 0
Note:	1	2	3	4	5	6

100/101 Test 4 – zu den Kapiteln 34 bis 44

1. *Diese Lösungen sind richtig:*
a) richtig
b) falsch – Ein Lokaladverbiale ist eine Umstandsbestimmung des Ortes.
c) falsch – Ein Nebensatz hängt immer von einem Hauptsatz ab.
d) falsch – Ein anderes Wort für *Bindewort* ist *Konjunktion*.
e) richtig

2. **a)** Ich habe dem kleinen Mädchen, das dort drüben steht, zugewunken.
b) Das sind die letzten Kisten, die ich noch in den Keller tragen muss.
c) Der Verein, dessen Trainer entlassen wurde, kämpft gegen den Abstieg in die 2. Liga.
d) Der Kriminalroman, den ich mir aus Bücherei ausgeliehen habe, ist sehr spannend.
e) Das alte Haus, dessen Türen und Fenster kaputt sind, wird in der nächsten Woche abgerissen.
f) Das sind die Nachbarn, denen wir beim Renovieren ihrer Wohnung geholfen haben.
g) Die Party, die wir für Samstag geplant hatten, muss leider abgesagt werden.

3. **a)** Die Pflanze wuchs sehr schnell. – Die Pflanze ist sehr schnell gewachsen.
b) Wir fuhren in den Ferien nach Frankreich. – Wir sind in den Ferien nach Frankreich gefahren.
c) Er warf den Stein in den Fluss. – Er hat den Stein in den Fluss geworfen.

4. **a)** Ich kann das überhaupt nicht verstehen.
b) Ich habe kein Wort verstanden.
c) Er hat leider keine Zeit.
d) Er hat leider nicht viel Zeit.
e) Sie wollen nicht arbeiten.
f) Klaus mag keine Bohnen.

5. **a)** Als er endlich kam, schlief ich schon.
b) Wann kommt der Zug in Hamburg an?
c) Wenn es laut ist, kann ich mich nicht konzentrieren.
d) Wenn ich damit fertig bin, fahre ich los.

Punktzahl:	28 – 26	25 – 23	22 – 20	19 – 17	16 – 14	13 – 0
Note:	1	2	3	4	5	6